MOTOSÍNTESIS

el camino del tigre

Quiero
andar por los caminos del mundo
y pasear por mi interior

Conectar con los sentidos
la ra z de mis pensamientos

Habitar los paisajes

PRÓLOGO

Solemos pensar que el alcanzar un estado elevado de conciencia y aspirar a una vida de abundancia y plenitud, solo es accesible para cierto tipo de personas, dejamos eso para los practicantes de yoga y meditación que pasan por la calle con sus atuendos perfectos mientras nosotros, atrapados en un mostrador o en un trabajo sin futuro, sentimos que vivimos en un mundo diferente. Hay quienes aseguran que lo material y lo espiritual son cosas ajenas, que alcanzar una vida espiritual implica despojarse de lo material. Yo creo que todo esto es completamente equivocado.

Nací y viví una infancia en circunstancias complejas, enfrenté la violencia más cruda y fui obligado a traspasar límites que en toda una vida no se tocan, la vida se me ha presentado llena de retos, he perdido todo una y otra vez. Muchas veces creí que no tendría ninguna oportunidad de salir adelante. Trabajando como velador en una tienda de licores, como dependiente de una tienda de conveniencia o sumido en el más grande vacío en una sobredosis de droga, veía ese mundo perfecto y distante pasar delante de mi. No sabía cómo acceder a él, nadie me había enseñado.

He comprendido que la espiritualidad y la materia no están separadas, que es precisamente la vida física y material con sus apegos, sus deseos y sus necesidades, la forma en la que vamos aspirando a elevar nuestra conciencia, lo que sea que eso signifique para cada persona, pero que podría sencillamente traducirse en alcanzar la paz mental, la dicha, la plenitud y la abundancia. En mi caso, el gusto por las motocicletas y el deseo de

tener una, fue la mayoría de las veces, la llave que me abrió la puerta de la conciencia, y comprendo que esa llave es accesible a todas las personas, sin importar lo que hagan o quienes sean socialmente, sin importar cómo se vean, cuál sea su origen, qué retos enfrenten. Este libro está dirigido para aquellas personas que ven ese mundo ideal pasar frente a ellas, pero lo sienten ajeno, está dirigido a quienes creen que no pueden aspirar a una vida abundante y plena.

No hay reglas, no existen manuales para llegar ahí, todo está dentro de nosotros mismos, somos nuestro más grande maestro, nuestro guía. El mundo está ahí dispuesto para que en cada acto exterior comprendamos en nuestro interior lo que realmente somos. El momento en el que la vida, con todas sus manifestaciones materiales, depende de nuestros pensamientos, de nuestras acciones y de nuestras emociones, y lo comprendemos con todo nuestro ser, es el final del camino, y es el inicio.

Tigre de mar.

PRESENTACIÓN

«Es que tú creas», me dijo Thana, mientras tomábamos una cerveza frente a la playa de Estacahuite, Oaxaca, después de haber escuchado una de mis historias con sucesos inexplicables, de esos que te hacen pensar que fuerzas de otros planetas actúan sobre nosotros.

Yo me quedé con esa frase pequeña y contundente retumbando en mis pensamientos. «¿Yo creo?». Eso sería como si mentalmente le hubiera mandado un mensaje al borracho que me atropelló al pasarse un alto cuando manejaba una de mis mejores motocicletas, una Honda cbr 600rr platino mate con franjas naranjas en los rines, diseñada por mí, hermosa y veloz, con un sonido agudo provocado por la fricción de sus pequeños pistones, vibrando a miles de revoluciones bajo el asiento: una moto espectacular. **Esta historia no es filosófica, poética, o esotérica. Se trata simplemente de mi vida con las motocicletas, episodios enmarcados en el tren de la existencia desde un ángulo superficial, pero pleno de sustancia en su interior: es la aventura de vivir.**

MOTO PONY

Aún recuerdo el grito de mi madre desde el balcón de nuestro departamento en la colonia Narvarte al verme pasar a toda velocidad en una moto Pony a los siete años: «¡Alfonso!». Iba decidido a llegar hasta donde ésta pudiera llevarme, que fue al Parque de los Venados. Ahí me encontraron horas más tarde, mi madre, el padre del niño que era dueño de la moto, y el niño, quien con la cara roja y los ojos lacrimosos, cargaba los juguetes que yo le había cambiado por la Pony. Fue la primera negociación que recuerdo haber hecho y, la cual, lamentablemente, me valió muchos regaños y un amigo menos.

Las motos vivían en mis sueños de niño, me veía llegando a la primaria en una de pista con mi chamarra de piel. En lugar de cumplir con la repetición tediosa de mis aprendizajes escolares, dibujaba motos del futuro en mis cuadernos y, en hojas y hojas, perfeccionaba sus diseños. Por culpa de las motos, cada fin de periodo escolar estaba condenado a quedarme castigado en las vacaciones, sin salir de casa, para repetir de principio a fin cada cuaderno. Sin embargo, sabiendo que el castigo se repetiría una y otra vez hasta que dejara la escuela o mi casa, apenas empezaban las clases las motos regresaban a mí como una adicción para escapar de las insulsas palabras de los pesados profesores.

VESPA CIAO AZUL

Cuando cumplí 10 años, mi padre —hombre que será descrito, para bien o para mal, a lo largo de mi historia— me dijo las palabras mágicas: «Si logras sacar el primer lugar de tu clase al salir de la primaria, te regalo lo que tú quieras». Evidentemente para mí eso significaba una moto, pero como era muy difícil convertirme en un alumno perfecto de la noche a la mañana, eché mano del recurso de narrar a mi maestro —único al que reconozco como tal— mi triste infancia familiar para convencerlo de darme un diploma de primer lugar con tal de que mi padre no nos golpeara a todos en mi casa, lo cual no estaba muy lejos de la realidad.

El diploma de primer lugar que me concedió tenía un truco afortunadamente imperceptible para mi padre. El reconocimiento ostentaba un gran número uno y la palabra «lugar» en letras mayúsculas, tan grandes y brillantes que apenas se notaba la pequeña palabra «artístico» que se leía por debajo. Este maestro —quien nos platicaba de un pequeño barco en el que pescaba los fines de semana en un lago, del cual hablaba con una nostalgia tan bella que se grabó en mí como un sueño propio que después busqué hacer realidad — tuvo la idea genial de darme el «Primer lugar artístico» de sexto grado pues, aunque era muy mal estudiante, había ganado todos los concursos de pintura y oratoria de la escuela.

Mi diploma me hizo acreedor a mi primera moto, una esbelta Vespa Ciao azul que esperé impaciente durante medio año, hasta la noche en que escuché a mi padre llamarme a gritos desde la calle. Bajé corriendo por las escaleras desde el quinto piso del edificio en el que vivíamos, hasta llegar a donde él avanzaba montado en la moto y me decía, contundentemente, que era mi oportunidad de tenerla si lograba subirme a ella en movimiento y tomar el mando, si no, la perdería definitivamente. Entonces corrí con todo mi coraje, alcancé a mi papá, quien cada vez iba más rápido y logré tomar el mando de una moto que ya era mía y que en ese dramático momento aprendí a manejar.

Yo realizaba lo antes inasequible en mi Vespa: instalaba rampas de madera para brincar sobre mis amigos; a los once años llevaba a mi novia por el Periférico a toda velocidad hasta Perisur para tomar un helado. Me sentía libre y poderoso.

Guardo de mi padre, paradójicamente, uno de los mejores recuerdos con una moto, pero también uno de los peores. En ese entonces, él tenía una maravillosa Honda Goldwing 1100 cc roja, una de las primeras motos con radio y parabrisas. Una tarde me invitó a salir con él en su increíble moto. Viajamos durante horas que parecían suspendidas en el tiempo hasta llegar al bosque del Desierto de los Leones. Íbamos muy rápido en un camino enmarcado por altos pinos de color verde intenso, recortados por la neblina que cada vez bajaba más; el viento parecía tener la capacidad de volvernos ingrávidos. La lluvia empezó a caer, primero ligera y luego intensa. Reíamos abriendo las manos, desafiando al frío y al agua con el poder que la velocidad de la moto nos concedía. Abrazábamos al aire, gritando como jinetes o guerreros en nuestra gran aventura. Ahí decidí que algún día tendría una Honda Goldwing; y en ese fugaz momento, que acude a mi memoria con texturas y olores para siempre vivos, amé a mi padre.

La cara contraria de la moneda es aquella que, como una astilla, se quedó enterrada en el pie y con el correr de los años parecía crecer hasta dificultar el paso; había que sacarla o ceder a su fuerza destructiva que me detendría por completo.

MIS PADRES

En la adolescencia me refería a la relación de mis padres como «el intenso y tórrido romance de una sirena con un carterista del metro»; una visión distorsionada de una relación distorsionada.

Ella, una bella y altiva mujer, de una sencillez y una complejidad tan contrastantes que combinadas resultaban brutales. Mi madre venía de una familia llena de rencores; su padre era un hombre acomplejado que por aluna razón desconocida odiaba a su mujer y a sus hijos, los golpeaba y reprimía indefinidamente, hasta que una tarde terminó por darse un tiro en la cabeza cuando ella tenía 15 años. Ella era la más aguerrida de todos, no permitía que la regañaran y se enfrentaba sin miedo a las amenazas paternas, actitud que la mantuvo a salvo y que también la marcaría el resto de su vida.

Mi padre era un pandillero de la Portales, líder de la banda más peligrosa de la zona, hijo de una madre alcohólica y un padre que había quedado paralítico, debido a la explosión de una granada durante la Segunda Guerra Mundial, en donde peleó al lado del ejército norteamericano.

Mi padre se robó a mi madre a los 15 años, asegurándole que la llevaría a conocer extraterrestres; con eso, ella cedió su virginidad.

Cuando yo nací vivíamos en Acapulco, en una residencia ostentosa. Mi padre era asesor jurídico del gobierno; a pesar de no haber estudiado leyes o alguna otra cosa, su inteligencia era tal que podía ejercer lo que se propusiera. Por otro lado, debido a que siempre se involucraba en asuntos oscuros, nuestra lujosa casa fue balaceada varias veces, así que crecimos sabiendo que al sonido de un disparo, debíamos tirarnos al piso «pecho tierra» y mantenernos quietos mientras los vidrios estallaban y los pequeños fragmentos caían alrededor nuestro.

Pocos meses después de que yo naciera, mi padre terminó en la cárcel por el homicidio de un alto funcionario. Fue una forma singular de quedar recluido, pues su celda era en realidad una suite con servicio de limpieza, chef y las mayores comodidades; además pudo mandar a diseñar una nueva sala para su «recámara» y otra igual para regalarle al director del penal. Con una astucia única, ambos elementos combinados le permitieron escapar en el doble fondo del sillón que había mandado regresar porque no cabía en el cuarto, mientras el director fascinado alababa el propio en su oficina.

Mis recuerdos de infancia empiezan ahí. De la fuga nos fuimos a vivir a Veracruz, instalados en una camioneta Combi sobre la playa desierta. Mi madre se levantaba en las mañanas y, con su mejor vestido y maquillaje perfecto, recorría la playa en busca de cangrejos para comer. En esos días, creo, éramos una familia feliz. Yo era el menor de tres hijos, aunque sólo vivíamos dos con mis padres.

Mi hermana, la mayor de nosotros, era una hermosa niña rubia de ojos claros, que mi abuela materna adoptó cuando era pequeña, alejándola de la vida que le esperaba con nosotros. Mi abuela era una persona inmadura, que sólo gustaba de «las cosas bonitas o las que tuvieran más dinero» —citándola literalmente.

Mi hermano, en cambio, tenía una enfermedad mental que le causaba constantes convulsiones y que lo hacían perder el conocimiento, además, había heredado la agresividad de mis padres que, conforme pasaba el tiempo, en lugar de disminuir, empeoraba, quizá por las brutales lecciones con las que pretendían calmarlo - lecciones que hoy me parecen difíciles de entender-. Muchas veces pude ver a mi hermano esposado de piernas y brazos recibiendo golpes con un látigo de manos de mi padre, el mismo que minutos antes celebraba la furia de su agresividad; fluctuando entre los límites de la brutalidad sin más parámetro que el impulso del momento.

De la Combi pasamos a un pequeño pueblo en la selva de Veracruz, en donde mi padre se abría paso para crear su nueva pandilla, que convertiría en secta. Mi madre cuidaba de la granja en donde teníamos hermosos borregos y gallinas que una mañana, sin más, amanecieron todos muertos al pie de nuestra puerta. Mi madre nos tomó en brazos y huimos, dejando atrás todas nuestras pertenencias... y a mi padre.

Los siguientes años vivimos en una vecindad de la colonia Portales, cerca de la casa de mi abuela alcohólica. Supongo que mi madre no perdía la esperanza de que mi padre nos encontrara. Nuestro pequeño hogar dentro de la vecindad era como un diminuto palacio que ella había decorado con la mayor elegancia posible. Altiva y hermosa, caminaba por las calles como si se tratase de una reina.

Mi padre terminó por encontrarnos y el encuentro fue fatal. Él y mi madre estuvieron toda una tarde sosteniendo un cuchillo amenazante que debía terminar enterrado en alguno de los dos y, sin embargo, terminó en el piso, testigo del beso de araña con el que mis padres celebraban el reencuentro. Entonces, la alegría de los primeros meses solos se fue oscureciendo paulatinamente por la llegada de un hombre lleno de ira.

Pasamos quizá un año en la vecindad; después, mi padre nos llevó a vivir a una casita en la selva de la Huasteca Potosina, a orillas de un majestuoso río, a 10 kilómetros del pueblo de Tamazunchale, 10 kilómetros que mi madre caminaba con tacones y sus mejores vestidos, como si se tratase de una pasarela. Mi padre nos abandonó ahí nuevamente, para sobrevivir, mi madre tuvo la idea de aplicar mascarillas de peróxido —una plasta azul de olor muy penetrante— a las señoras del pueblo que hacían largas colas afuera de nuestra casa con la promesa de parecerse a ella.

Un año más tarde, mi padre regresó por nosotros. Había sido convocado para ser jefe de la policía en una zona de Veracruz, así que nos fuimos a vivir allá. Mi madre había pensado que nada era mejor para vivir que el piso completo de suites del mejor hotel del lugar, por lo que ese curioso espacio se convirtió en nuestro nuevo hogar. Yo poseía una suite completa llena de juguetes que mi padre me había regalado, resultado de la detención de un tren que cargaba artículos de contrabando. Yo cargaba una pistola de municiones, botas y sombrero vaquero, e imitaba la amenazante mirada de mi padre.

La oficina de mi padre estaba en el palacio municipal, al lado de la cárcel. Mi hermano y yo platicábamos y jugábamos con los presos a través de unas ventanillas con barrotes, ellos nos regalaban juguetes de madera que hacían con sus manos. Recuerdo que mi hermano celebró dos cumpleaños dentro de la cárcel, partiendo el pastel con los presos, ya que no tenía más amigos en el pueblo. Entre las inverosímiles fotos familiares de esos años había una de mi hermano apuntando a la cámara con una metralleta Beretta, mientras con la otra mano acariciaba un gato, una foto mía sentado frente a un escritorio lleno de armas y billetes, y una más de mi madre apuntando a hacia nosotros con un Cuerno de Chivo, mientras nosotros simulábamos escapar. Esa era una de las erradas ideas que teníamos acerca de la felicidad.

Mi padre era un hombre temible. Había toda clase de anécdotas que narraban su valentía casi diabólica. Decían que durante los enfrentamientos él siempre iba adelante y descubierto, lanzando balas precisas. Una noche llegó a casa con una bala en el brazo que se sacó con unas pinzas frente a nuestros ojos incrédulos. También practicaba la brujería por lo que frecuentemente visitábamos el pueblo de Catemaco, en Veracruz, conocido por sus sectas de brujos y curanderos, quienes alababan la llegada de mi padre como si se tratase en verdad de alguien muy importante. Había anécdotas que narraban cómo él curaba el cáncer de las personas con sólo tocarlas.

Cada cierto tiempo había gritos y golpes en las suites del hotel y mi madre salía al otro día con mi hermano y conmigo escapando de mi padre para ir a la ciudad; siempre a algún punto en donde él pudiera encontrarnos semanas o meses más tarde.

Una tarde, el pueblo entero vino a buscar a mi padre con antorchas y machetes. Mi madre escapó con nosotros, tomando el dinero de los portafolios y maletas que se encontraban en los cuartos, y que mi padre guardaba celosamente junto a sus armas.

Los siguientes dos años fueron maravillosos. Mi madre rentó un agradable departamento en la colonia Narvarte en donde él difícilmente nos encontraría. Vivíamos felices y libres, de no ser por la agresividad de mi hermano que, por fortuna, era menor que la de mi padre. Mi madre, sin embargo, siempre acababa sumergida en algún conflicto con un vecino, un familiar, con quien fuera. De ese modo, me fue enseñando poco a poco que el mundo era nuestro enemigo, que la gente siempre sería hostil con ella y conmigo, como si ambos fuéramos uno. Yo así lo creía.

Con su gran carisma, mi madre buscaba vestir siempre con lo mejor y caminaba de un lado a otro de la calle, elegante y hermosa. Ella poseía alegría, belleza y ternura; aunque era una persona con necesidad de vivir constantemente la adrenalina de la agresividad que había aprendido desde niña. Era como una niña transparente. Recuerdo que nos llevaba a las tiendas a comprar ropa y como preferíamos juguetes, gastaba todo el dinero en ellos, y únicamente nos llevaba un cambio de ropa nueva. La eterna infancia de mi madre fue la burbuja que nos contuvo ilesos en medio del caos de nuestra vida.

Pasaron dos años para que mi padre nos encontrara. En ese entonces él era teniente coronel del ejército, además de ocupar un cargo federal importante en la Defensa Nacional. Al pequeño departamento de la colonia Narvarte se le agregaron dos camionetas de guardaespaldas en la calle, y una gran cantidad de muebles con doble fondo para guardar todo tipo de armas, incluidas granadas y bazucas.

Mi padre estaba muy poco en casa. Los guardaespaldas nos llevaban a la escuela en hombros y jugaban con nosotros, ya que no tenían otra cosa que hacer mientras esperaban a que él regresara de sus largos viajes. De hecho, una de las camionetas fue destinada para guardar mi colección de cientos de carros y motos de juguete.

Cuando mi padre regresaba escuchábamos sus pasos en las escaleras y, después, su forma única de tocar la puerta con los dedos de las manos, siempre la misma tonada alegre. La rutina entonces era que mi madre lo esperara dispuesta a la pelea, con todos los argumentos y reproches necesarios para hacerlo enfurecer rápidamente. Peleaban, había golpes, mi hermano intervenía y también salía golpeado, a veces, brutalmente. La casa terminaba completamente destruida, nada quedaba en pie, muebles, loza, cristales, puertas, juguetes, ropa. A los siete años yo había desarrollado un sistema para dar fin a la pelea: buscaba a mi padre después de que la ola había pasado y le explicaba que mi madre lo amaba y lo había extrañado mucho, que ella no quería perderlo; palabras que lo hacían salir de casa para regresar horas más tarde con camiones de mudanza en los que venía nuestra nueva casa, todo nuevo, muebles, ropa, juguetes. Entonces iniciaba un amor idílico entre ellos, mientras a mi madre se le borraban los golpes y él partía serenamente de casa hacia su nuevo viaje. No sé cuántas veces se repitió esta escena, pero puedo asegurar que fueron muchas.

Una tarde regresé de la escuela y me encontré la cuadra repleta de militares. Había francotiradores en todas las azoteas, soldados armados en las aceras, camionetas y autos sitiando la pequeña calle de Yácatas que, para entonces, se volvía célebre. Los soldados buscaban a mi padre, habían vaciado nuestra casa y decomisado las armas que habían encontrado, que en realidad no eran todas las que teníamos, pues algunas paredes tenían doble fondo y guardaban grandes arsenales. Para mi tristeza se habían llevado también los siete automóviles y la moto que teníamos, así como la camioneta con mi colección de juguetes. Recuerdo perfectamente los modelos: se trataba de un Trans Am negro con un águila impresa en el cofre; un Datsun 270zx azul, que era mi preferido; una camioneta negra blindada con llantas *big foot,* a la que apodábamos «La esclava»; un Jeep Renegado negro; un Cutlass Oldsmovile vino; dos camionetas Van plateadas y una moto Pony Honda amarilla.

El surrealismo se apoderó poco a poco de la calle. Los militares entraban a casa a tomar agua; fumaban un cigarro con mi madre, quien amablemente los atendía; inclusive empezaban a jugar con nosotros. Mientras tanto los francotiradores, inmóviles como estatuas o soldados de juguete, permanecían apostados en los techos, observando silenciosamente.

No sabíamos qué había hecho mi padre, pero entendíamos que era algo grave. Mi madre se las arreglaba para comunicarse con mi padre por medio de servilletas que uno de los soldados recibía con bocadillos que mi madre le regalaba y que, de alguna forma, lograba entregarle a él.

Una tarde, no sé cómo, mi padre nos recogió en una esquina en un Mustang Hatchback rojo con franjas negras, en el que huimos para no regresar jamás a nuestra casa sitiada.

Recorrimos varios pueblos encontrándonos de vez en cuando con retenes militares en las carreteras, de los que escapábamos casi siempre antes de que nos vieran. Una vez, con ellos detrás, las balas surcaban el cielo y por las ventanas del auto salían balas también que mi padre disparaba con un «cuerno de chivo» que guardaba debajo del asiento y, después, con una metralleta r15 que mi madre guardaba debajo del suyo. Mi hermano y yo, inmóviles en el piso, aguardábamos a que pasara la tormenta. Siempre lográbamos escapar. Mientras mis padres festejaban y reían, yo sabía que lo que hacíamos no era bueno. No compartía la celebración y deseaba tener unos padres diferentes a los que tenía. Una tarde yendo en carretera a bordo de nuestro Mustang rojo, un carro se emparejó quedando el conductor exactamente a la altura de mi madre, entonces vimos como sacó una pistola y apunto hacia ella, mi padre frenó y viró drásticamente el volante de modo que en segundos quedamos detrás del auto que nos amenazaba, mi padre sacó su Cuerno de Chivo y un par de armas más, que surgían cuando su antecesora se quedaba sin balas; yo pude ver a mi padre dispararlas, y distinguir cómo al dar con un su objetivo, los vidrios del auto se teñían de rojo, hasta no quedar nadie con vida, y dejarlos a la deriva estrellados contra un muro de rocas grises. Después brincamos de la autopista a la carretera libre, y regresamos a casa, mis padres con aires de triunfo, yo con una profunda desolación.

Pocos meses más tarde nos asentamos en Cuernavaca. Mi padre poseía un par de portafolios repletos de dólares con los que podía comprar un edificio; sin embargo, mi madre decidió que lo mejor sería vivir en un departamento rentado en el centro, en la calle de Aragón y León, conocida muy bien por ser la calle de «las putas». Para mi madre eso no era importante, ya que recordaba que alguna vez ella y mi padre fueron felices en ese mismo edificio durante sus primeros años de casados, y quería revivirlo a toda costa. Nuestro hogar era un verdadero palacio decorado con lo más caro que encontraron, en un edificio plagado de ratas, donde las trabajadoras del sexo y los *dealers* se paseaban libremente.

Mi padre era un hombre intenso en cualquier aspecto. Su alegría y su agresividad estaban trazadas con la misma moneda: todo lo expresaba con la mayor intensidad posible. Para que yo obtuviera buenas calificaciones, una tarde me llevó a la juguetería y llenó cuatro carros con los juguetes que yo elegí, mismos que me regalaría en un festín de abrazos y besos cuando lograra mi primer 10 de calificación en la escuela; asimismo, un cinco de calificación me podía valer un día hincado con las rodillas desnudas sobre vidrios rotos o clavos, y un mes sin salir de casa a jugar con mis amigos. Yo admiraba y temía a mi padre, lo amaba y lo odiaba al mismo tiempo. Cuando la relación entre nosotros podía prosperar de alguna manera, aparecía mi madre para impedirlo; ella y yo éramos uno y él era nuestro enemigo. Mi madre generaba el mayor conflicto posible mediante el cual ella y yo terminábamos aplastados por su ira. Yo trataba de impedirlo siempre desde el primer momento, pero era imposible detenerla. Finalmente, era yo quien después de la tormenta me dedicaba a izar las velas y nivelar el lastimado barquito que nos mantenía a flote. Nuestra realidad oscilaba entre la agresividad y el festejo, entre el odio y la risa; no había malo ni bueno en casa, sólo la necesidad de estar alertas pues la vida y la suerte cambiaban al capricho de sus impredecibles impulsos.

Los siguientes años asistimos como invitados de honor a fiestas ostentosas en los ranchos de los narcotraficantes y los militares más famosos, quienes acabaron todos en la cárcel; los nombres que en esos años fueron famosos en las noticias, eran familiares para mí, pues en sus casas era donde convivíamos constantemente. Yo pensaba que mi padre era importante, sin saber cómo ni por qué, después pude entender que se trataba de un temible sicario que los protegía. Sin embargo, con el paso de los años se le fue apagando la suerte; se fue quedando sin amigos; los portafolios llenos de billetes ya no se llenaban más; perdía la esperanza de volver a ser poderoso. Poco a poco terminó convirtiéndose en un simple ladrón de autos, a los que transformaba pintándolos personalmente, imprimiendo nuevos papeles y alterando las placas y los números de serie. Autos que después estrenábamos como «el vehículo nuevo de la familia». Yo no recuerdo haber ido una sola vez a comprar un vehículo a una agencia, pero sí haber tenido en casa casi todos los modelos que salían al mercado, incluida la Honda Woldging 1100 cc. Algunas veces eran los autos que a mí me gustaban los que salía a robar, ya que yo, siempre estaba enterado de los nuevos modelos de autos y motos; sus ventajas y desventajas, sus mejoras tecnológicas y el desempeño de sus motores. Él me daba gusto trayéndolos a casa, días después de que yo los mencionara.

Mi padre comenzó a caer de desgracia en desgracia, transitando en la oscuridad por confundir el poder con la luz, porque quizá un día, sin saberlo, equivocó el odio con la forma más pura de amor, como quien se aferra a un diamante creyendo que la belleza de la existencia habita en su dura geometría. El infortunio y las drogas se apoderaron de su mente, como si cada experiencia le fuera dejando un parásito que se alimentaba de su sangre, impeliéndolo a descender más en el pozo donde ya habitaba.

El karma, las desdichadas circunstancias, su locura, nos llevaban cada vez más bajo, al ras del suelo, donde la miseria y la desesperanza se alimentaban mutuamente.

Del elegante departamento en «la calle de las putas», pasamos a un triste y diminuto departamento de ladrillos naranjas en una unidad habitacional de interés social en las zonas marginadas de la Ciudad de México, departamento que mi tío, hermano de mi madre, nos había prestado, pues ya no podíamos pagar la renta. Ahora vivíamos ahí donde los edificios se apilaban sin orden ni gracia, el ladrillo era superior al cartón y los vecinos se miraban de reojo, esperando ver en el otro algo más denigrante como única señal de esperanza.

Una mañana, mi padre llegó alegre a la casa y me dijo: «¿Quieres conocer nuestro nuevo convertible?». Yo me puse contento, me gustaban tanto los carros y las motos que no a veces comprendía el abismo en el que nos sumergíamos. Bajé con él las escaleras para encontrarme en la calle con una motoneta Honda blanca que en nada se parecía a un convertible. No obstante, él estaba contento y quería festejarlo. Además de temor, yo sentía lástima por él, así que lo acompañé al pueblo de San Pedro Mártir para comprar carne. Aunque la moto me había decepcionado parecía un buen momento para estar con mi papá.

Al regresar a casa había patrullas y vecinos esperándonos, como si fuesen un gran público frente a un escenario y nosotros los actores que debíamos de ejecutar la obra. Mi padre había cometido el error de robar esa moto al hermano de nuestro vecino. Todos nos miraban como un ente único y despreciable, yo mismo sentía que había robado esa fea moto. Entre susurros y risas, se llevaron a mi padre a la cárcel. Yo sentí más tristeza por él que pena por mí, en medio de las miradas y el cuchicheo de los vecinos, que ya nos calificaban como lo peor de ese lugar, que era el peor del mundo.

El día se nubló e hizo frío. No teníamos dinero para sacar a mi padre de la cárcel, así que mi madre buscó ayuda, fuimos caminando con tíos y amigos hasta que el más gentil de mis tíos paternos aceptó nuestra televisión a cambio de su apoyo. Éste, quizá, es el recuerdo más triste que conservo de una moto.

VESPA CIAO ROJA

La vida ya había atravesado para mí los límites posibles de lo aparentemente bueno y malo. La desolación en mi casa era constante y profunda, y a pesar de los momentos de desesperación y miedo, la alegría de vivir seguía encendida, alimentada en gran parte por mi insaciable pasión por las motos.

A fuerza de brincos y caídas, mi Vespa Ciao azul había quedado inservible y arrumbada, pero tuve la gran fortuna de saber que mi tío Lalo, hermano de mi madre —un hombre ejemplar, exitoso y benévolo—, tenía una moto guardada en su oficina, la cual alguna vez sirvió para su mensajero hasta que, con el cabal pensamiento que nos salvaría la vida años más tarde, decidió proporcionarle un auto. Le pedí la moto y él accedió a prestármela. En realidad, con un guiño en el ojo, me la estaba regalando.

Fui a la oficina de mi tío para recoger la Vespa en el Renault rojo de «El Tamal». Él y «El Huevo» —dos amables regordetes de la unidad habitacional militar— eran mis únicos amigos con carro y con ellos, animado por el entusiasmo de tener una moto para mí nuevamente, fuimos hasta la colonia Del Valle de donde tuvimos que regresar empujando la moto que no había querido encender.

Ésta, mi segunda Vespa, fue moto de calle, de competencias, y cuando descubrí una pista de motocross en Coapa, se convirtió también en moto de enduro. Iba libre de un lado a otro, me acomodaba en el pequeño asiento trasero para que mis brazos quedaran estirados y me diera la sensación de estar manejando una moto de pista, invadido por el deseo de los nuevos modelos que Honda había sacado al mercado y se exhibían en Liverpool, entre los que destacaba la Honda Interceptor 750 cc y una versión de pista de 50 cc, una moto más pequeña, réplica exacta de las grandes que se dejaban ver cada vez que soñaba.

Para entonces ya podía reconocer casi cualquier moto por su

sonido a lo lejos. Tenía colgada en mi cabecera la foto de una bmw1100rt, dorada y futurista, que parecía todo lo que se requería en el mundo para ser feliz. Pasaba horas sentado frente a la vitrina de Liverpool mirando las motos, para llevarme su forma grabada en mi mente y después pasarla a mis cuadernos en donde continuamente las rediseñaba. Mi padre me había enseñado que existía la aerodinámica y cómo funcionaba, razón por la que mis diseños de motos se parecían cada vez más a afinados cohetes.

A la locura de mi padre se le sumaron fantasmas terribles. Mi casa era ya como un campo minado, había muebles rotos que ya no eran remplazados, ecos de gritos y golpes habitando los muros, agujeros que recordaban las veces que tiraba balazos, proyectiles dirigidos a matar nuestro espíritu o invadirlo del miedo que su demencia emanaba. Fueron años en los que lo peor siempre podía ser peor, en los que ya no había nada más qué romper o corromper, y sólo se podía pensar que las cosas terminarían en cualquier momento al percutir de una pistola.

Uno de mis recuerdos más tristes y difíciles de esos años sucedió una mañana cuando yo tenía once años; al medio día de un domingo yo jugaba en el jardín con mis carritos – siempre jugaba cerca de mi casa para poder ayudar si surgía algo que ellos no podían controlar -, entonces escuché un par de disparos en mi casa - lo primero que pensé fue que mi padre había disparado a mi mamá, aunado al temor de que le hubiera atestado un tiro -, corrí subiendo las escaleras por los cinco pisos hasta llegar a nuestro apartamento, adentro no se escuchaba nada y mi temor crecía cada vez más -mi temor más grande durante toda mi infancia no era que me pasara algo a mi, sino que mi padre terminara con la vida de mi madre y de mi hermano sin que yo pudiera hacer nada-. Toqué la puerta hasta que él me contestó, entonces, para poder entrar le dije que tenía que sacar un cuaderno pues debía terminar una tarea, él abrió la puerta pero no me dejó entrar, se alcanzaban a ver armas y drogas sobre la mesa, y pude escuchar los sollozos de mi madre y de mi hermano, y saber que hasta ese momento estaban vivos. Mi padre me pidió ir a comprar un par de botellas de ron al supermercado, que se hallaba a un kilómetro de nuestro departamento. Corrí lo más rápido que pude para regresar a tratar de resolver la situación antes de que hubiera un desenlace fatal. Al regresar le entregué las botellas y le pedí que me dejará entrar por mis cuadernos, pues de ello dependía que obtuviera buenas calificaciones, logré convencerlo y al pasar, pude ver al fondo del pequeño departamento a mi madre atada con una soga, tirada en el piso, y a mi hermano golpeado recargado en un rincón, estaban vivos, yo sabía que aún podía hacer algo. Mi padre me sacó rápidamente de la casa y me cerró la puerta, yo no sabía que hacer, así que me quedé jugando debajo de la ventana en donde estaba mi madre, en el jardín. Paradójicamente uno de mis amigos había traído consigo uno de los juguetes con los que todos añorábamos jugar, así que le pedí, con toda la fuerza de mi inocencia, que jugáramos bajo mi ventana. Una o quizá dos horas después se volvió a escuchar una ráfaga de disparos repetidos, y pocos segundos más tarde, pude a ver a mi hermano ensangrentado que salía corriendo del edificio y se perdía en el horizonte de concreto, sin detenerse. Yo subí corriendo nuevamente y toqué la puerta, pregunté a mi padre si no quería otra botella – pues no veía otra forma de hacerlo abrir la puerta -, él abrió y yo pude entrar unos pasos para ver que mi madre seguía viva, y que a su alrededor los disparos habían trazados grandes hoyos negros. Mi padre me sacó con un empujón, entonces me quedé sentado justo detrás de la puerta para poder escuchar. Momentos más tarde – no puedo saber cuánto tiempo había transcurrido -, yo seguía jugando fuera de nuestro departamento cuando vi llegar a mi tío Lalo, a quien seguramente mi hermano había llamado, y quien pasó sin verme, derrumbando mis juguetes. Tocó la puerta con fuerza y llamó a gritos, entonces mi padre abrió con la metralleta en las manos, haciéndolo entrar a la fuerza, y dejando nuevamente la puerta cerrada. Ahí empezaron a escucharse más gritos, más golpes y más disparos. Los vecinos subieron a ver qué pasaba y como me encontraran sólo en la puerta comenzaron a recriminarme a mí los escándalos de mi familia - recuerdo que yo sólo pude decirles que mi padre era aficionado a los fuegos artificiales, y que como era su cumpleaños estaba festejando -. Pasaron largas horas en donde yo sólo buscaba escuchar las voces de mi madre o de mi tío, y saber que estaban aún vivos. Cuando ya la noche había avanzado se me ocurrió volver a tocar la puerta, y decirle a mi padre que al siguiente día tenía examen final en la escuela, y que si no entraba a dormir podía reprobar, funcionó, el me abrió la puerta aún sosteniendo su arma. Al entrar vi a mi tío y a mi madre, ambos atados y golpeados, y con rastros de balas enmarcando las paredes de la triste escena. Caminé unos pasos rumbo a mi cuarto hasta que mi padre me hizo detenerme para hacerme una pregunta, me dijo: "Te voy a hacer una pregunta, y de acuerdo a tu respuesta será que los mate o los libere". Yo me detuve, los ojos de mi madre se clavaban en mi con toda su angustia, la pregunta fue: "Quién tiene la culpa de todo esto, tu madre o yo". Pensé que lo que respondiera definiría ese momento de forma irreversible, que si lo culpaba a él su ira crecería y entonces sí los mataría, así que respondí: "La culpa la tienen ambos, porque no se entienden y no saben estar juntos". Eso, increíblemente, hizo que bajara definitivamente su arma, pero también hizo que la mirada de mi madre se transformará en odio, y que durante más de una semana no me dirigiera la palabra pues para ella, yo la había culpado, sin entender que quizá le había salvado la vida.

Poco a poco la desgracia, que parecía ya no poder ser más profunda, crecía de forma tal que sólo esperábamos el momento de morir. Yo estudiaba a veces con una pistola apuntando a mi cabeza, y mi hermano, tenía ya una bala incrustada en una pierna. Debajo de mi almohada guardaba un cuchillo, pues temía que en cualquier momento él entrara a dispararnos, pero era tal mi temor, que me inmovilizaba tan sólo con escuchar su voz en la noche. Cuando salía a la escuela trataba de regresar rápido para estar alerta, al final, ya ni siquiera llegaba a mi escuela. Para entonces, mi madre colocaba una toalla en la ventana si es que él se encontraba en casa, así, pretendíamos saber qué hacer. Yo, era la única persona capaz de controlarlo para que no acabara con nuestras vidas, y mi madre, aún con el temor que le teníamos, aprovechaba cada vez que podía para hacer que su ira estallara sin medir las consecuencias, por lo que todo era tan frágil que parecíamos sostenidos por un hilo siempre a punto de romperse.

La vida se precipitaba como un barquito al borde de una inmensa cascada, y un día finalmente, mi padre decidió dinamitar la casa y a toda mi familia adentro, esta vez incluido también yo.

Una noche confusa y roja, entre golpes y gritos, decidí terminar para siempre con el destino implacable que nos asediaba como un lobo. Levanté una silla con una fuerza que no era mía, logré derrumbar a mi padre y salir de la casa cargando a mi madre y jalando a mi hermano golpeados. Tuve oportunidad de parar un taxi y subirlos, y más adelante pedir ayuda para llamar a mi tío Lalo, quien acudió esa noche difusa a mi desesperado llamado para ayudarnos definitivamente. Estuvimos escondidos muchos meses bajo su protección hasta que él nos dio la oportunidad de tener una nueva vida.

Las cosas sucedieron de la forma en que sólo la mano de Dios puede entretejerlas. Los días se transformaban lentamente hasta el momento en que quedaríamos para siempre liberados. Mi padre, en un intento desesperado por devolverme el golpe fatal recibido, hizo una última petición antes de liberarnos: nos dejaría en paz para siempre si yo le daba mi moto. Parece increíble, pero así fue, nosotros quedamos libres y él se quedó con mi Vespa Ciao roja. No lamenté mi moto perdida, aunque sentí un hondo desconsuelo por mi padre. La boca del abismo se abrió entonces para encerrarlo entre sus feroces colmillos. Pocas semanas después supimos que fue alcanzado por uno de sus tantos enemigos en un ataque que lo dejó con más de 40 puñaladas en el cuerpo, pero milagrosamente vivo.

A los 14 años me quedé suspendido en el tiempo, aturdido y perplejo, presintiendo que estaba destinado a enloquecer. Debía afrontar mi destino, consciente de la carga que llevaba en mí, genética, mental, emocional; un futuro que podría atacarme de improviso como un tornado para convertirme en algo que no quería ser jamás: mi padre.

Mi tío Lalo me ofreció ayuda para estudiar en una escuela privada y tener una vida productiva. Yo no quise, no había nada en la escuela que yo quisiera aprender, mis intentos de estudiante habían sido siempre desgastantes; además, yo solía decir que la escuela era para los que «no sabían saber». Decidí irme de casa y andar por el áspero camino de mis miedos antes de que ellos me abordaran por sorpresa, en un intento por sanar antes de haber enfermado.

En los primeros años de libertad, mi miedo era tan terrible como el que le tenía a mi padre. Pasaba noches despierto en la orilla de la habitación con la luz encendida, temiendo el ataque de algo inexistente. El miedo me envolvía, me impedía avanzar. Dormía un poco en las mañanas pero al caer la oscuridad el miedo regresaba y con él mi necesidad de estar despierto vigilando. Decidí enfrentarlo; en el departamento en donde vivíamos, que mi tío Lalo nos había regalado, había una habitación en la que sin razón aparente sentía un miedo que me atravesaba el cuerpo, insoportable. Una noche decidí encerrarme en esa habitación con la luz apagada, y obligarme ahí mismo a dormir, a erradicar el miedo que sabía, sólo habitaba en mi cabeza. Milagrosamente esa noche el miedo quedó atrás, por lo menos ese miedo a la oscuridad, ese temor de que él o algo apareciera de pronto para atacarme. Esa mañana, después de haber logrado dormir en la oscuridad, decidí andar mi destino enfrentando todo eso que temía ser, desconociendo aún si sería atacado en algún momento de mi vida por lo que no era para, como un volcán en erupción, transformarme en lo que sí era.

Uno de los primeros miedos que me determiné a atravesar como una espada fue el de convertirme en ladrón, una de las terribles enseñanzas de mi padre. Resuelto a cruzar esa vía, de acuerdo hasta donde alcanzaba a vislumbrar sobre mis posibilidades de transformar mi pasado dándole la cara, empecé a robar. Caminaba por las calles el día entero entrando en las tiendas para hurtar algo, no importaba qué. A veces me perseguían, a veces me detenían, a veces lograba huir. Me hice amigo de ladrones con quienes hacía planes que, por fortuna, nunca se concretaron; conocí el submundo donde se gestan las desgracias y en el que, irónicamente, yo sólo buscaba algo que me dijera que no pertenecía ahí.

HONDA CBF 750

A los 16 años, con un certificado de nacimiento falso, que aprendí a adulterar gracias a mi padre, entré a trabajar como repartidor de pizzas, por el placer de conducir las frágiles motos de reparto. Como tenía la habilidad de memorizar las claves de los gerentes, podía cambiar pedidos y coordinar a los repartidores haciendo que trabajaran para mí, sintiendo en el acto lo que mi padre seguramente sentía. Tenía sólo un objetivo: irme, comprar una moto para recorrer el mundo solo y libre.

Al cabo de robos mínimos, aunados a mis propinas, mi sueldo y el de mi madre, equivalente a tres meses, quien con la intención de verme feliz me regaló para cumplir mi sueño, logré juntar lo necesario para comprar una moto grande. Mi plan era viajar en ella hasta el Amazonas, en Brasil, quedarme a vivir ahí: solo, con mi moto, los poemas, los dibujos que desde niño me acompañaban, los libros que creía eran lo único que necesitaba como compañía y olvidarme del mundo.

Por medio de un anuncio en un periódico llegué a los rincones más alejados de la colonia Aragón, para encontrarme con una Honda cbf750 1981, negra con naranja, hermosa, pero dudosamente servible. Se trataba de una imponente máquina de cuatro cilindros en línea con uno de los motores más ostentosos y, probablemente, más pesados que había conocido, asomándose a los lados de su estructura de acero. Sin dudarlo, pagué la moto al vendedor y le pedí que me empujara para poder arrancar y avanzar, pues la marcha no le funcionaba, ni mis piernas alcanzaban completamente el piso, además de que mi cuerpo no podía con el peso de esa robusta máquina. En casi cada parada, la moto se me caía por su peso, por lo que debía pedir ayuda para volver a levantarla y continuar.

Lo anterior me hizo recordar que, a los seis años, mi madre me llevó a comprar mi primera bicicleta. Entre varias bicis pequeñas con ruedas de asistencia, se asomaba una que no era para niños ni tenía rueditas, era una Magistroni Supercross, también negra con naranja. Me acuerdo de su nombre porque para mí era como haber comprado un Enzo Ferrari. Después de insistir, logré que mi madre me la comprara, ésa que me quedaba muy grande, pero haciendo uso del mismo método al que recurría ahora con la Honda, aprendí a andar en ella entre raspones y golpes, con ayuda de las personas que me veían ir a toda velocidad, hasta que se terminaban el impuso o la calle y yo caía irremediablemente.

Como en realidad quería una Harley Davidson Fat Boy 1300 cc, y no tuve los recursos para comprarla, conseguí un manubrio y un asiento de moto *chopper* y cambié la apariencia de mi Honda por la de una pseudo Harley. Los días de descanso me iba a Amatlán con una bolsa de dormir y me quedaba junto al río, a la sombra de mi moto, pensando en cómo sería la vida en el Amazonas mientras leía a Cortázar.

Después del reparto de pizzas conseguí trabajo en una tienda de licores como vendedor nocturno y velador, y la jornada valía la pena sólo por ver desde la reja del local a mi Honda estacionada, iluminada por el farol de la calle, esperándome al salir para volver a convertirme en un hombre libre. En la pizzería había conocido a Jaime, quien sería mi gran amigo durante muchos años. Él también amaba las motos y ambos habíamos entrado a trabajar a ese lugar sólo porque tenían unas Yamaha nuevas y veloces.

Jaime era perseguido, asimismo, por una trágica historia: su padre había muerto en una ranchería en Zacatecas, de donde él provenía, al caer borracho en una fogata. Su sueño era regresar a ese lugar, buscar a su abuelo y quizá encontrar en él a su padre, con alguna respuesta que le diera paz, como si su origen hubiera quedado desvanecido o atrapado en ese lugar y tuviera que rescatarlo para proseguir su camino. Así que antes de iniciar mi viaje al Amazonas, decidí emprender con Jaime el viaje a Zacatecas.

Salimos de la ciudad en la madrugada sobre mi Honda, sin saber que el frío y la falta de equipo nos dejarían congelados a orillas de la carretera pocos kilómetros adelante. Pero eso no nos detuvo y al salir el sol, tan pronto recuperamos el movimiento, seguimos hacia el norte con una moto que a veces andaba y otras tantas había que empujar.

Al dejar atrás la ciudad de Zacatecas, encontramos un lugar en donde parar, junto a un gran ojo de agua estancada, en el que bebimos hasta saciarnos por todas las horas de camino perseguidos por el implacable sol. Jaime no tenía problemas en ingerir cualquier cosa, pues él había crecido en las calles vendiendo chicles y cargando bultos, comiendo todo lo que estaba a su alcance para sobrevivir. Mi caso resultó otro.

Después de dos horas, llegamos a Chaparrosa, ya habíamos recorrido 100 kilómetros de terracería. Era una zona muy agreste y polvosa, donde se hallaba supuestamente el rancho del abuelo, que no era más que una pobre construcción de piedras apiladas irregularmente en medio del desierto. Yo había llegado ya con el estómago revuelto. El abuelo nos dio asilo, y al día siguiente conseguimos un trabajo en los sembradíos de chile puya y tomate. A mí me tocó cargar sobre mi espalda la *quihuila*, una gran canasta en donde arrojaban los chiles, que luego trasladaba a un remolque. Una jornada interminable en la que ganaba lo suficiente para comprar al final una lata de atún y un bolillo en una tienda en donde sólo vendían, además de eso, latas de frijoles, dulces y refrescos.

Al cabo de algunos días mi dolor estomacal fue aumentando, junto a una gripe que también agravaba. Mi cuerpo, debilitado por las largas jornadas, iba perdiendo su fuerza, pero mi espíritu seguía erguido. Cabalgaba en mi Honda, a la par de los caballos, sobre los desérticos caminos de Chaparrosa, haciéndola rugir como un león, con mi sombrero amarrado con un lazo para que no saliera volando.

Como cada vez estaba más débil, fui al pueblo más cercano en busca de un doctor. Lo encontré y me recibió con dos inyecciones de penicilina a la cual, supe después, soy alérgico. Jaime, al verme cada vez peor, me convenció de exprimirme el jugo de unos limones directamente sobre las fosas nasales, pero nada me hacía mejorar. Me puse tan mal, al punto de no poder trabajar y, por tanto, tampoco podía comprar comida. El abuelo de Jaime guardaba celosamente papas en una olla, de donde yo comía un poco cuando mi estómago me lo permitía.

Por las noches, el anciano deliraba buscando al padre de Jaime y éste, mi amigo, se levantaba de pronto, perseguido por su propio fantasma. Yo pensaba que esta experiencia sería una buena historia para Juan Rulfo, por lo que redacté un cuento titulado *El cuento que Rulfo hubiera escrito*.

Finalmente, con la piel pegada a las costillas e invadido de piojos, amarrado con cuerdas a Jaime y a la moto para que la debilidad no me tirara, regresé a la ciudad. Aprendí mi lección, o al menos así lo creía. Comprendí la razón por la que había tenido esa dolorosa experiencia y por qué esa moto jamás sería realmente mía. Al llegar a la ciudad bajé de la moto y al primer tipo que vi caminando en la calle le pregunté si le gustaba, y ante su respuesta afirmativa se la regalé, liberándome con ello del karma obtenido por haber robado para comprarla.

Tardé un par de semanas en recuperarme y volver a emprender el viaje. Pero esta vez sin moto, decidido a continuar mi camino hacia el Amazonas a fuerza de aventones; pidiendo prestado; trabajando en el camino de lo que fuera; pero sobre todas las cosas: sin robar. Partí libre de ese miedo, buscando conectar mi interior con la naturaleza, acompañado de un cuaderno, el *Trópico de cáncer*, de Henry Miller; *Rayuela*, de Julio Cortázar; y *En busca del tiempo perdido*, de Marcel Proust.

Llegué a Puerto Ángel con el corazón abierto. Ayudé a unos pescadores a construir su casa y, a cambio, me permitieron dormir en el patio. Me levantaba en las madrugadas a sacar con ellos el pescado y ganar el mío, que con alegría preparaba en un comal. Aunque no sabía en realidad nada de albañilería, bastaba con mis ganas para que me dejaran trabajar con ellos, haciendo lo que fuera necesario para no decepcionarlos.

Meses más tarde me mudé a una hermosa playa virgen, iluminada en las noches por el fósforo, a 10 kilómetros del pueblo La Crucecita. Había un paraje hermoso donde el río, proveniente de la sierra, y el mar se encontraban. Me ganaba la vida con los turistas que llegaban al lugar, dando paseos por el río en una vieja panga y vendiendo un elixir rejuvenecedor, elaborado con el lodo traído del corazón de la sierra. Vivía con un petate bajo una enramada irregular, envuelto por una manta nocturna plagada de estrellas. Pasaban los días y yo descubría la maravillosa magia de la naturaleza: una noche despertaba iluminado por el fósforo encendido en la arena; y otras veces, al amanecer, cuando un grupo de delfines surgía frente a la playa donde yacía; también llegué a apreciar por horas a los atareados cangrejos trabajando de un lado a otro. Me dediqué a contemplar el horizonte buscando en su infinito las respuestas que me permitieran ser un hombre libre. Descalzo iba y venía al pueblo de La Crucecita, con un viejo pantalón de mezclilla amarrado por un lazo. Trabajaba en las mañanas en los restaurantes de los pescadores, ayudando a lavar trastes para ganar mi desayuno. Pensaba, entonces, que la riqueza era una búsqueda falsa, pues todo lo que necesitaba estaba al alcance.

En aquellos días conocía algunas palabras en inglés, pero a fuerza de pronunciarlas y de hacer como si entendiera todo lo que me decían los extranjeros, mi vocabulario fue creciendo rápidamente. En realidad no hablaba mucho ni entendía todo, pero mi acento era impecable, pues provenía de la imitación, con lo cual pude conseguir trabajo asegurando un perfecto inglés. En mis primeros empleos como ayudante de mesero en restaurantes en Huatulco, siempre contaba con un menú en español y otro en inglés que entregaba a los clientes pidiendo que me señalaran lo que querían en su menú para identificarlo en el mío y al final entender lo que me estaban pidiendo sin que los gerentes notaran mi carencia.

Pasaron largos meses y recorrí muchos lugares: Oaxaca, Chiapas y Yucatán, colgado en trenes y camiones; caminando y durmiendo en parques y playas; saboreando la mágica comida de la selva de manos de las mujeres que sentían ternura por mí y me ofrecían deliciosos salbutes y panuchos para saciar mi hambre. Yo vivía maravillado por la magia de los paisajes y los aromas que me rodeaban, en los que me adentraba con facilidad, ya que *Cien años de soledad*, de Gabriel García Márquez, fue mi compañero inseparable en esos tiempos plenos de aventuras.

Después de varios meses en la selva, llegué a Cancún, lugar que en mis sueños era contrario a la abrumadora vista de edificios y concreto con los que me encontré. Aquí ya no disfrutaba la libertad de otros lugares, ni la magia. Llegar a Cancún fue para mí una manera abrupta de frenar mi camino. Ahí conseguí trabajo en un hotel gracias a una persona que había conocido en Oaxaca, pero a la semana de llegar, sufrí una fuerte caída en la alberca que me dejó sin dientes. Entonces tomé la triste decisión de parar nuevamente mi trayecto y regresar a la ciudad.

HONDA SABRE 800

El retorno a la ciudad fue para mí una bocanada de aire, un respiro para continuar, como si el intento fallido de volar hubiera sido sólo una pequeña prueba de lo que vendría después. Ahora sabía que si actuaba de forma íntegra, sería libre, que todo me llegaría sin pedirlo. Tendría la oportunidad de volver a conseguir una moto con la cual seguir mi camino, pero esta vez sería una moto perfecta. Y la conseguiría con mi trabajo.

Entré a trabajar como repartidor en otra pizzería. Caminaba todos los días de mi casa al trabajo y de regreso, decidido a no distraerme para no gastar nada de lo ganado, lo cual depositaba en una caja junto a una lista en donde detallaba lo que tenía y lo que me faltaba para alcanzar mi moto. Fue tanto mi empeño que trabajaba todos los días un turno completo como mesero y otro como repartidor, cambiaba mis días de descanso a otros compañeros para poder ganar más dinero, y hacía todo lo que estuviera a mi alcance para juntar más rápido el dinero necesario para comprarla. Gracias a mi esfuerzo, el gerente me promovió como subgerente y yo accedí sin que realmente me importara, pues yo sólo quería conseguir mi moto e irme.

Una tarde que manejaba la frágil y descuadrada moto de pizzero, de tanto trabajar, el cansancio me venció y me hizo cerrar los ojos justo en el momento en que una camioneta se impactaba sobre mí con toda su fuerza, haciendo que me elevara por el aire sin gloria ni gracia y cayera al piso como una simple rama rota. Traumatismo craneoencefálico, conmoción cerebral y una pierna fracturada fue el dictamen que el doctor le dio a mi madre después de que yo saliera del coma y pensara que ella era mi enfermera.

Los médicos del Seguro Social se equivocaron —pues no hay mal que por bien no venga— y me dieron el medicamento para las úlceras del paciente de al lado, con lo cual yo salí de un accidente para entrar en una terrible intoxicación. Al darse cuenta del error, me mandaron a mi casa de inmediato con un alta médica confusa y llena de sentencias determinantes: no recuperaría mi pierna completamente; el dolor de cabeza me perseguiría intensamente por varios meses y después cedería, pero no por completo; debería guardar reposo absoluto por tres meses: y por ningún motivo comer carnes o alimentos con grasa. Yo no escuché la fatal sentencia de los médicos, pues sólo pensaba que me faltaba muy poco para comprar mi moto y que ningún doctor me alejaría de mi sueño. También pensaba que los doctores no tenían idea de lo que decían.

Llegamos a casa, en donde quedé instalado y aparentemente quieto y rendido, aunque en realidad estaba decidido a sanar cuanto antes y cumplir con mi objetivo. Antes del amanecer, y sin que mi madre lo notara, me levanté, caminé apoyado sobre la pierna sana y con la otra cojeaba dolorosamente. Bajé las escaleras del departamento, salí a la calle y usando el metro llegué a la central de autobuses de Taxqueña. Ahí tomé un camión al balneario Agua Hedionda, en Cuautla, para nadar incansablemente de un lado a otro de la alberca de aguas de azufre, tirarme al sol que siempre consideré mi mayor medicina, y comer carne más allá de la saciedad. Pasado el mediodía tomé otro autobús a Tepoztlán, en donde subí hasta la cima del Tepozteco dos veces, convirtiendo el dolor de mi pierna en una increíble fortaleza. Al bajar por segunda vez la montaña me dirigí a un restaurante mexicano frente a la plaza central del pueblo, y comí más carne, enchiladas y pescado.

Esa noche increíblemente, regresé a casa entero, erguido por el poder del triunfo, sano, caminando sobre mis dos piernas, sin dolor de cabeza, sonriente y decidido. Ese día también conocí el poder profundamente sanador de nuestro cuerpo, la falsedad de las predicciones médicas y la fuerza interminable del espíritu.

A la semana siguiente me dieron de alta en el Seguro Social sorprendidos e incrédulos, y regresé a trabajar casi como un héroe. Mi puesto de subgerente se avecinaba —cuyo proceso administrativo llevaba varios meses—, pero también mi moto, una espléndida Honda Sabre 800 cc de motor en v con computadora de viaje y flecha cardán, que en esa época era una verdadera máquina innovadora. Una moto única, futurista, combinación perfecta entre una moto de pista y una de viaje.

Exactamente 15 días después del accidente pude comprarla y despedirme de la pizzería y del sueño del gerente de tener a dos soldados por el precio de uno. Nada de eso me importaba, sólo irme en mi moto a encontrarme con mi destino. Con un brinco pasé sobre mi madre que se colocó en la puerta para impedir mi viaje. Tomé mi Honda y salí de nuevo a carretera envuelto por esa maravillosa sensación de libertad y fortaleza que la moto me daba. Por fin tenía lo que había soñado y lo había conseguido con mi más puro esfuerzo. No obstante, sin sospecharlo siquiera, los vuelcos del destino me esperaban nuevamente un poco más adelante del camino.

Había recorrido apenas 40 kilómetros sobre la carretera libre a Cuernavaca, cuando quise hacer un rebase, pero me encontré con un auto que venía a toda velocidad por el lado contrario. Frené de inmediato para regresar a mi carril haciendo uso del motor para no derrapar, bajando de la sexta velocidad hasta la segunda. Escuché entonces algo que sonaba como una matraca y que no cesó durante los siguientes 10 kilómetros. Tronaba cada vez más fuerte y me obligó a parar: la caja de velocidades de mi hermosa Honda Sabre 800 había reventado. Yo no podía creer que el destino me detuviera de forma tan abrupta a pesar de todo mi esfuerzo, tampoco podía creer que, como la moto era un prototipo raro de edición especial, la caja de velocidades costara casi tanto como la moto. Ahí se detenía de nuevo el sueño, se caía la armadura de metal que pasaba a ser de cristal fragmentado.

Me aferré a ella esperando que en algún momento dejara de sonar y se compusiera milagrosamente. Me obstiné muchos días prendiendo la moto cada cierto tiempo para ver si el mal había pasado. Hasta que comprendí que la manera obsesiva y arriesgada en que la había obtenido, sin importarme nada más, tampoco era la forma correcta de llevar a cabo mi sueño. Regalé la Honda Sabre 800 con su caja rota a un amigo mecánico y me olvidé de mi malograda aspiración.

EL ESPEJISMO

En esa etapa de mi vida yo quería ser pintor, escritor y músico. Decidí leer todos los libros que caían en mis manos, estudiar guitarra y pintar grandes cuadros pensando en tener una gran exposición vinculada con mis poemas y mi música. Durante mi infancia y adolescencia, la pintura fue un refugio, por medio de ella me escapaba de la realidad dibujando en mis cuadernos incansablemente. Dibujaba motocicletas, árboles, ojos y partes del cuerpo. Durante la secundaria, cuando el maestro no veía me saltaba hacia la calle por la ventana de mi salón, y me dirigía al quiosco de la plaza central de Tlalpan, en donde dibujaba y dibujaba sin sentir el paso del tiempo y el peso de las cosas que entonces vivía. Yo creía que nada podía detener mi capacidad creativa hasta montar la gran exposición de arte que sería el inicio de mi carrera artística.

Pinté incansablemente durante meses, incluso aprendí a hacer marcos para mis cuadros y cuando tuve la colección completa decidí salir a buscar el éxito en las galerías de la ciudad. Pensaba que se sorprenderían al ver mi trabajo y que quizá ahondaríamos mucho en mi visión, en lo que reflejaba y, sobre todo, en la profundidad de mi obra. Pero al cabo de recorrer decenas de calles y galerías, después de responder preguntas sobre dónde había estudiado, quién era mi familia, si pintaba gran formato o si podía hacer paisajes, me quedé sentado y triste en la banqueta, pensando que el mundo del arte no tenía gran sustancia. ¿Qué lo distinguía del mundo común, en el que las mercancías que se vendían no tenían significado, no eran personales? Terminé considerando que era más honesto vender un platillo y un vino en un restaurante que tratar de vender arte, pues la moneda con la que se pagaban ambos era la misma aunque el valor fuera diferente.

Desilusionado, desistí de proseguir el camino del arte y busqué un nuevo trabajo de mesero, con el propósito de ser el mejor y trabajar los años que fueran necesarios hasta tener mi propia galería, ser el editor de mis propios libros y lo que yo quisiera para poder retomar el arte sin depender del juicio de los demás o del propio sistema artístico, que se manifiesta en contra del propio arte.

Busqué en los anuncios de los periódicos y encontré trabajo en una discoteca nueva que estaba por abrir. Para mí resultaba un reto, pues durante mi adolescencia huí del mundo de la noche y el alcohol. Me seleccionaron porque me aprendí de memoria todas las bebidas, ingredientes, precios y combinaciones. Sin embargo, poco antes de inaugurar cambiaron al gerente, y el nuevo no creía que mis competencias demostradas fueran importantes, así que terminé como ayudante de limpieza.

Desde el principio le caí mal al gerente, tanto que la noche de la gran apertura me mandó a las bodegas hasta que el evento terminó. No sólo pensaba que carecía de experiencia, sino que veía algo en mí que le impedía ponerme frente a los clientes. Así pasaron algunos días y evidentemente yo no estaba conforme; como el gerente se negaba a hablar conmigo fui a buscar a los dueños del lugar para proponerles un reto: si me daban la oportunidad de ser mesero una noche, yo les aseguraba que nadie vendería más que yo. Ellos aceptaron riendo y el gerente tuvo que darme a regañadientes la oportunidad.

Como lo ofrecí, nadie logró lo que yo: vendí las botellas más caras del lugar en la mayoría de las mesas y elaboré cocteles exóticos frente a los clientes. A partir de esa noche me permitieron seguir siendo mesero y diariamente los demás intentaban superarme, sin éxito. Tal era mi decisión de ser el mejor, que en mis días de descanso iba a los bares para probar las marcas, tipos de licores y cocteles. Los saboreaba, anotaba sus recetas y sus cualidades en un pequeño cuaderno que me acompañaba a todas partes. Gastaba mis ganancias en probar todas las bebidas para conocerlas, aprender a distinguirlas y a mezclarlas. Algunas veces, como un juego, señalaba a mis compañeros lo que ordenarían en varias mesas; después me dirigía a tomar las órdenes y al regresar, para sorpresa de todos, mis pronósticos resultaban acertados.

Después de trabajar como mesero empecé a incursionar dentro de las barras, primero como ayudante y después como *bartender*. Mi creatividad, que ya no plasmaba en lienzos, ahora concebía nuevas bebidas y formas para servirlas, por lo que en poco tiempo gané concursos de coctelería y la gente me buscaba para probar mis creaciones.

Puse uno de mis primeros negocios: una empresa de capacitación para meseros; les enseñaba cómo abordar las mesas, entender a sus clientes, reconocer las bebidas y lograr mejores ventas y propinas. Esto me llevó a ser contratado en varios de los mejores bares y restaurantes. Luego me lancé a poner un bar de coctelería exótica, con muestra de arte plástico, en la azotea del edificio donde vivía.

Un amigo vestido de etiqueta recibía a los clientes en la entrada del edificio para conducirlos por cinco pisos hasta la azotea. En medio de antenas y tinacos, así como esculturas y pinturas mías y de algunos amigos, un músico tocaba en vivo a la luz de la luna, y en una pequeña barra yo preparaba mis mejores cocteles. El negocio duró poco pues las quejas de los vecinos no permitieron que mi experimento prosperara.

Yo no había conocido el mundo de la noche en mi adolescencia, no sabía siquiera que existía, pero estando ahí me dejé deslumbrar por su magia aparente. Las personas se mostraban en su más perfecta imagen bajo las luces de colores, moviéndose al ritmo sensual de la música, todos sonrientes y amables en ese mundo de espejismos en donde el encanto se desvanece al amanecer. Las garras del abismo me sujetaban cada vez más fuerte, aunque yo me mantenía a salvo buscando simplemente ser mejor en lo que hacía. Pero poco a poco, la boca del lobo se abría para invitarme a pasar.

Pronto pasé de *bartender* a capitán de meseros, después a gerente, más tarde a director. De preparar bebidas en la barra llegué a dirigir los bares de moda, donde todo converge para que el ser se desvanezca y gobiernen los deseos y los instintos. Yo tenía 24 años y manejaba los lugares a los que todos querían asistir. Parecía que me estaba convirtiendo en alguien importante: era el tipo agradable con el que todos querían salir de fiesta, el que manejaba los bares más ostentosos y era amigo de las celebridades. Había diseñado y producido bares y fiestas espectaculares, nuevos conceptos, formas de perderse dentro de un mundo de luces deslumbrantes. Mis actividades me dieron entonces el título de publirrelacionista y con éste vinieron las fiestas excesivas, mi foto en las revistas de sociales y cientos de amigos que en realidad nunca me conocieron.

La boca del lobo por fin me alcanzó y en manos de una *sexy bartender* apareció uno de mis mayores miedos, listo para tomarse al instante: la cocaína. Pronto, respiro a respiro, me alejó de todos mis sueños y me convirtió en todo lo que no quería ser. La mujer que me abrió esta puerta era provocadora, agresiva e intensa, el personaje perfecto para que yo pudiera convertirme en lo que más temía: mi padre. Ella representaba la oportunidad inconsciente de revivir la relación de mis padres, llevándonos a ambos a situaciones de agresividad y desolación gracias al poder cegador de la coca. Ella, a su vez, buscaba sin saberlo la desdicha que sus padres le heredaron al separarse dejándola sin hogar en plena adolescencia.

Así empezaron las noches de fiesta en las que las drogas y el alcohol nos perdían en nuestros propios abismos; en ese mundo en donde todo era perfecto y todos éramos grandiosos hasta que se acababan las sustancias. Yo era el peor de los peores, el que no tenía límites, el que era señalado por los otros adictos como el destinado a destruirse antes que nadie. Tomaba mi carro y avanzaba a toda velocidad por las avenidas en sentido contrario hasta estrellarme y entonces reía a carcajadas. Todo en mi vida indicaba que quería morir. Dentro de la inconciencia con la que viví en esos terribles años siempre supe algo: yo no era lo que estaba viviendo. En el fondo comprendía que debía salir de ahí y quería hacerlo abruptamente, como quien despierta a golpes de una profunda pesadilla.

La boca del lobo se había cerrado conmigo adentro. El mundo giró tanto que la vida empezó a ser terrible, la fortuna y la fama me abandonaron y me dejaron frente a la más terrible de las relaciones. La *bartender* fue cambiando de cara y de nombre, pero no así el personaje. De repente me encontré con alguien que podía ser peor que yo, con una historia más terrible, sin miedo, sin límites, dispuesta a morir en la primera oportunidad. Una hermosa mujer fatal cuyos rencores eran más profundos aún que mis propios abismos, con la diferencia además de haber contado con una fortuna económica tal que le permitía hacer lo que quisiera. De su mano llegué al fondo del abismo, a un lugar tan recóndito que de pronto ya no había nada más hacia dónde dirigirse. Desesperado por la desgracia en la que había caído, en un momento en el que todo se detuvo repentinamente, me pregunté por qué me había rodeado siempre de mujeres tan enfermas, por qué había llegado hasta este punto. En ese instante —como si me hubiera sumergido en un suspiro de Dios— entendí la respuesta: ellas eran yo. Descubrir que lo que ves en los demás es a ti mismo, y que todo aquello de lo que huyes en el exterior es lo que hay en tu interior, es como llegar a la orilla del mundo, ahí donde el camino se termina. El paso hacia atrás es peor que brincar al vacío.

Quise entonces con todas mis fuerzas salir del fondo. Me inscribí en un gimnasio y empecé a cambiar mi alimentación, decidido a alejarme de lo que me aprisionaba. Pero mi esfuerzo y mi voluntad no eran suficientes, sólo lograba sacar la nariz por unos días para después sumergirme más hondo, arrastrado por las arenas movedizas del vacío que me llenaba, hasta que en lo más profundo del dolor y del olvido encontré la salida.

Trabajaba en una agencia de relaciones públicas y teníamos programado un evento en el ambiente más exclusivo y lujoso de México en Costa Careyes. Yo había decidido alejarme de las drogas, pero el evento era una total exhortación a perderme. Traté de evadir todas las invitaciones, pero pronto fui alcanzado por los tentáculos de mi adicción en una dramática combinación de tristeza, desesperación y adrenalina. Pasaban los días y las dosis crecían.

Yo iba al pueblo más cercano con un *dealer* a conseguir cocaína para todos los invitados. Pero en una de tantas idas, decidí no regresar a Careyes y llevarme toda la droga y el alcohol que llevaba en la camioneta de la agencia, hacia un destino sin fin y sin regreso.

Anduve días en la carretera consumiendo sin tregua cocaína y alcohol, decidido a extraviarme por completo o a cruzar por fin el umbral que me tenía preso, en medio de alucinaciones y paranoia, perdiendo lo poco que me quedaba de sentido y manejando a la más alta velocidad, como si eso me pudiera ayudar a salir.

En la cima de la alucinación, desafiando todos los límites posibles, en un segundo diminuto y eterno en que todo se detuvo, surgió en mi mente una imagen contundente y definitiva que no podía ignorar. De pronto me vi a mí mismo ocho años atrás, antes de caer en el abismo en el que ahora vivía. Estaba en el umbral de una puerta, en un lugar que se veía iluminado, tras un pasillo oscuro que conducía hasta donde yo me encontraba. Ahí estaba yo con las manos extendidas en señal de reclamo, preguntándome qué estaba haciendo perdido en el vacío y por qué no regresaba. Detuve el auto y bajé a la playa, me quedé sentado en la arena escuchando una frase que se repetía en mi pensamiento como si ese otro yo me la dictara: «Quiero andar por los caminos del mundo y pasear por mi interior. Recorrer con los sentidos la raíz de mis pensamientos. Habitar los paisajes».

En ese momento comprendí que llevaba ocho años perdido y que lo único que podía salvarme era regresar a mí mismo, ser quien realmente era. Vislumbré que esta persona autodestructiva no era yo, que estaba confundido. La única solución era reencontrarme, caminar hacia ese ser de pie en el umbral de la puerta de la habitación iluminada. Entendí que esa era la única salida del abismo. Regresé a Careyes a dejar la camioneta y, a pesar de los reproches que recibí, sentía una profunda paz y una determinación absoluta. Estaba punto de cumplir 30 años y había decidido cambiar mi vida.

Tomé un autobús y retorné en silencio a la ciudad. Esperé el amanecer para dirigirme a la montaña, donde había encontrado armonía y respuestas a muchas cosas que no comprendía durante mi adolescencia. En aquel tiempo ascendía a la cima del Tepozteco, si desde ahí veía otra cima, seguía subiendo hasta alcanzarla, y así cada vez hasta encumbrar la parte más alta de la cordillera, descubriendo caminos, parajes, lugares mágicos donde encontraba la armonía con mi propio ser.

Cuando estuve nuevamente ahí subí por los caminos que recordaba. En la cima de la montaña, con los pies descalzos sobre las piedras, extendí los brazos hacia el sol como si después de muchos años volviera a reconciliarme con los elementos, pidiendo su calor y la fuerza para cambiar. Al bajar de la montaña hice una lista de las cosas que me identificaban, las que recordaba de mí hacía ocho años y, curiosamente, la primera que pude evocar era mi anhelo de volver a tener una moto.

Tener una moto fue el primero de otros objetivos como dejar las drogas, hacer ejercicio, visitar cada fin de semana las montañas, regresar a la introspección y a la poesía, bajar de peso, no mentir ni exagerar, aprender a decir no: todas las cosas que antes de perderme hacía y me definían, todo lo que contenía la frase que había escuchado al final de mi delirio: «Quiero andar por los caminos del mundo y pasear por mi interior. Recorrer con los sentidos la raíz de mis pensamientos. Habitar los paisajes».

VENTO R4

Me di seis meses para cambiar mi vida. A mi regreso del Tepozteco, puse en una hoja de Excel cada objetivo dentro de un calendario, en donde semana a semana me diría si lo estaba logrando o no. Cada día, cada semana, cada mes señalé el avance en mi lista.

Al término del plazo, mi vida completa había cambiado, yo era de nuevo yo. Hacía ejercicio por las mañanas y por las tardes, regresé a escribir poesía y a pintar, dejé definitivamente el alcohol y las drogas, bajé de peso, cambié mis hábitos y conseguí una moto. Se trataba de una motoneta Vento r4 que el entrenador de mi gimnasio me había vendido a plazos. En lo más profundo de mi alma sabía que esa larga jornada había sido necesaria, que había vencido mis miedos, que era libre para siempre, que estaba curado.

Con mis primeras ganancias compré una computadora, le metí algunos programas básicos de diseño y elaboré un logotipo y una página de Internet para mi nueva empresa, que por cierto llevaba el nombre de Urban Cowboy. A pesar del confuso nombre, había clientes que me contrataban para producir eventos o desarrollar nuevos conceptos y estrategias para restaurantes y bares, hasta que uno de ellos me ofreció empleo como director de mercadotecnia de su grupo de restaurantes.

Lo primero que debía hacer en mi nuevo empleo era un plan de mercadotecnia para todo el grupo, algo que evidentemente nunca había hecho. Llegó el momento de presentar mi plan al director de operaciones —un tipo serio que en lugar de sentarse en los ostentosos escritorios de la oficina con vista panorámica, prefería uno pequeño, escondido detrás de un muro—, que se llamaba Juan David. Recuerdo perfectamente el momento de hacerle mi presentación, ya que ambos éramos tan diferentes que parecía imposible que lográramos un entendimiento.

Cuando terminé de presentar lo que para mí eran grandes ideas y conceptos que revolucionarían para siempre la industria restaurantera, él sacó una gran hoja de papel que extendió con calma sobre su escritorio. Trazó sobre ella una línea horizontal y otra vertical, y al finalizar me dijo: «Estas líneas son el tiempo y la rentabilidad, ahora lo importante es ver cómo acomodamos tus ideas para que puedan ser sustentables y rentables». Yo pensé por un segundo que Juan David era un tipo ignorante que nada entendía de las grandes ideas, pero, afortunadamente, minutos más tarde descubrí que su forma de ver el mundo era completamente diferente a la mía, y que eso podía ayudarme a cambiar y, sobre todo, a crecer en donde no había podido hacerlo a pesar de mi creatividad.

Decidí seguir a Juan David para aprender de él, asumiendo que si lograba entender su forma de pensar podría entonces cerrar el círculo en mi búsqueda de ser una persona equilibrada.

Juan David tenía todo de lo que yo había carecido: una familia integrada, una vida recta, valores. Yo aprovechaba cualquier oportunidad para preguntarle acerca de su percepción de las cosas y sus límites, los cuales anotaba en mi memoria como propios. Éramos completamente diferentes y ambos empezamos a creer en el otro. De alguna manera él también vio en mí algo que podía ayudarlo a crecer, a romper quizá con los estereotipos que lo mantenían en una vida demasiado estructurada. Ambos supimos que si nos uníamos, nos complementaríamos para ser mejores. Mi experiencia en esos días puede definirse en una frase: los límites me dieron libertad.

La empresa para la que trabajábamos duró poco, por cuestiones ajenas a nosotros; mas yo estaba decidido a crear una nueva y que Juan David fuera mi socio. Cuando le ofrecí venir a trabajar conmigo, él simplemente respondió: «Yo nunca trabajaría en una empresa que se llama Urban Cowboy», así que me dediqué a buscar un nombre «serio», principalmente para convencerlo.

Había conseguido una cita con un posible cliente en la ciudad de Monterrey. Estando en el aeropuerto dispuesto a documentar, escuché que le dijeron a una persona: «Señorita, usted tiene una tarjeta de cliente preferente, así que le daremos un *upgrade*, por lo que podrá viajar en primera clase». En ese momento decidí que nuestra empresa se llamaría «Upgrade», pues sería la primera clase para nuestros clientes y para nosotros mismos, acostumbrados hasta entonces a viajar en clase turista. Juan David se mudó a Guadalajara, en donde trabajaba como director de operaciones de otro grupo restaurantero, pero aceptó integrarse conmigo, quedando en espera de la señal de un primer cliente para renunciar a su trabajo.

La motoneta Vento era mi símbolo de libertad. La sensación de libertad existe tanto en una simple Vento como en una sofisticada Ducati: en una moto se vuela, se es libre sin importar marca, tecnología o cilindrada. Yo iba y venía en mi pequeña Vento, buscando clientes, fascinado por haber recuperado la emoción de conducir una moto.

Surgió una gran oportunidad al conocer al director de la cerveza Heineken, un holandés muy peculiar llamado Ruud Bakker, quien me ofreció la oportunidad de concursar con mi agencia para traer su marca a México. Llegado el momento de presentar las propuestas de las agencias entregué mi primera presentación de una estrategia de *marketing* para una marca, y la mostré con todo el entusiasmo que siempre me había caracterizado en las buenas y en las malas. Esa misma tarde recibí una llamada de la asistente de Ruud para decirme que mi propuesta era la ganadora, y que Ruud me esperaba en su oficina una semana más tarde para platicar. Llamé a Juan David emocionado para decirle: «Renuncia, ganamos nuestro primer cliente».

Juan David renunció a su trabajo y viajó a México, ambos hacíamos grandes planes sobre el futuro de nuestra empresa hasta que llegó el día de mi cita con nuestro nuevo cliente. Al llegar a la oficina de Ruud, él me felicitó por el excelente trabajo, para después darme una palmada en la espalda y decirme sonriendo: «Tienes muy buenas ideas, pero la verdad es que no tienes ninguna agencia». Ruud, quien tenía un pensamiento fuera de lo común me dijo: «No puedo contratarte como agencia porque no tienes una, pero te puedo contratar a ti como director de mercadotecnia». Yo pensé inmediatamente en Juan David y en que lo había hecho renunciar con la promesa de un cliente que de pronto se esfumaba. Me quedé pensando unos segundos hasta que le respondí al holandés: «Acepto con dos condiciones, que me dejes compartir mi sueldo con mi socio y que nos permitas tener otros clientes que no sean cerveza». Ruud el holandés, abierto y peculiar, respondió que no le veía ningún problema. Quedamos contratados.

Aunque Juan David y yo compartiríamos un sueldo moderado, era el comienzo de nuestra empresa. Upgrade iniciaba así, como un sueño, sin revelar el arduo camino de aprendizaje y crecimiento que sería para ambos.

HONDA CBR

En algún momento de su vida, aunque de forma menos drástica, Juan David también había tocado fondo y por ello comprendía, como yo, que todo dependía de nuestro esfuerzo y honestidad, que el camino del éxito debía estar cimentado en nuestros valores ahora inquebrantables. En este sentido desarrollamos una técnica única para compartir los frutos de nuestro esfuerzo: una vez al mes nos juntábamos con lo poco o mucho que teníamos y lo repartíamos después de una plática en donde cada uno establecía el porcentaje que alcanzaba en función del esfuerzo realizado. Así, cada quien recibía lo que merecía. Cabe mencionar que en este sistema de reparto de ganancias nunca recibimos lo mismo, pues siempre uno hizo más que el otro.

Pocos meses después de haber acabado de pagar la motoneta Vento, vi en un anuncio que vendían una Honda cbr 600f3 1998, azul con blanco, en perfectas condiciones, se trataba de una moto «en serio», una veloz máquina de pista, azul como las que admiraba en mi adolescencia. El vendedor era un importador de motos restauradas. Hablé con él y le propuse darle 10 mil pesos y mi motoneta a cuenta para que no vendiera la que me interesaba, pidiéndole que me la entregara al finalizar el pago. Aceptó. Tres meses después la maravillosa moto de pista ya era mía. En tanto la tuve en mis manos me dirigí con ella a la carretera, pero justo al llegar a la caseta de cobro el miedo me invadió y regresé a mi casa. En realidad, nunca había manejado una moto tan veloz en carretera. Así sucedió un par de veces hasta que, decidido, crucé el umbral del miedo para llegar a la playa, adonde fui varias veces, andando por la carretera como si fuera sobre un cohete, desafiando a la gravedad y a la inercia, jugando a volar.

Al mismo vendedor le compré más motos en los siguientes meses. Al haber regresado a mí, la vida se volvía como un tren bala en donde todo sucedía a la perfección. La cbr f3 1998 se convirtió en una flamante cbr 600rr 2004 que yo personalicé, haciéndola color titanio con detalles naranja. Ésta, a diferencia de su antecesora, era una moto del año, mucho más compacta, sofisticada y veloz. Mi cbr era el símbolo de mi fortaleza. Salía los fines de semana a carretera para llevarla por encima de los 250 kilómetros por hora en dirección a las montañas del Tepozteco, que después escalaba por sus paredes de piedra para quedarme ahí durante horas a contemplar el paisaje. A habitar el paisaje.

Un año después de haber arrancado con nuestro primer cliente y de habernos repartido un sueldo de 20 mil pesos que no era mucho pero sí suficiente para mantenernos en nuestro proyecto, Ruud me llamó para decirme que se terminaba el contrato: la marca se retiraría del país, pues tenían otros planes de expansión. Decidí no dejar caer nuestra visión por la pérdida de nuestro único cliente y con mi peculiar forma de dimensionar las cosas, en donde precisamente faltaba la dimensión, hice un acuerdo impensable con Ruud que nos permitiría sobrevivir un año más.

Al siguiente día de nuestro despido, yo no quise dar la mala noticia a Juan David sin antes dar la buena nueva que pudiera compensarla. Estábamos en nuestra pequeña oficina cuando llamaron a la puerta para decirnos que había en la calle un tráiler que traía una entrega para mí. Juan David me volteó a ver como lo hizo muchas veces en nuestra relación, pensando que se me había ocurrido una locura de grandes proporciones, a lo que le pedí que tomara asiento para escuchar los últimos sucesos: «La mala noticia es que ya perdimos a nuestro cliente, la buena es que compré dos contenedores de cerveza a mitad de precio, que podemos ir pagando conforme la vayamos vendiendo. Así podremos salir adelante». Juan David hizo su clásica mueca acompañada de su risa nerviosa y me dijo: «Dos contenedores de cerveza no caben en una oficina de 50 metros cuadrados».

La cerveza fue guardada en estacionamientos, casas de amigos, pasillos y azoteas. A partir de ese día nos dedicamos a vender cerveza a los restaurantes y bares del centro de la ciudad. En una vieja camioneta prestada llegábamos al centro, tomábamos nuestras cajas de cerveza y nos dirigíamos a los bares a venderla. Al final nos encontrábamos para ver cuánto habíamos ganado y lo repartíamos equitativamente, contentos de poder seguir acometiendo un día más.

El gimnasio se volvió mi obsesión. De 90 kilos de grasa había pasado a menos de 70 kilos de músculo magro, que ya me situaban en las competencias de fisicoculturismo y en el cuadro de honor del gimnasio en donde los entrenadores ponían mis fotografías. Sólo comía ensaladas, arroz y pollo que llevaba en contenedores a todas partes, meditaba y hacía ejercicio dos veces al día. Nada me distraía ahora que me sentía libre del abismo y, sin embargo, las lecciones de la vida a través de las motocicletas estaban lejos de concluir.

Había pasado de la oquedad a la obsesión por ser perfecto, creyendo que eso era lo correcto. El ejercicio y la comida saludable se habían convertido en mi vida, a veces pasaba el día completo en el gimnasio sin permitirme ninguna distracción.

Un sábado, como casi todos los fines de semana, me preparaba para ir a la montaña y salir de casa en mi Honda cbr 600 rr. Buscaba una tienda donde comprar agua para el camino. Traía el casco amarrado a un lado de la moto, justo detrás de mi pierna derecha y pensaba ponérmelo tan pronto saliera rumbo a la carretera. Tras detenerme en un alto, en el momento que el semáforo se puso en verde, arranqué sobre la avenida Insurgentes y, de reojo, pude ver un Tsuru viejo que venía hacia mí a toda velocidad decidido a pasarse el alto.

Todo pasó en segundos que sucedieron como en cámara lenta. Yo tuve los suficientes reflejos para apoyar mi pierna sobre el cofre del Tsuru cuando éste se impactaba sobre el casco que separó a mi moto de su defensa, protegiendo mi pierna del impacto. Salí volando hacia un lado mientras mi moto volaba hacia el otro, y como no traía el casco en la cabeza, me la cubrí con las manos para protegerla. Al caer, logré girar sobre el piso sin golpearme la cabeza. Me quedé tirado por un momento, pero alcancé a ver que el Tsuru empezaba a moverse tratando de escapar. En ese momento sólo pensé en mi moto, pues no la perdería por nada del mundo y, como doble de película de acción, corrí hasta alcanzar el auto; me metí por la ventana y pateé los brazos del conductor que aceleraba y trataba de sacarme a golpes; forcejeamos hasta quedar impactados contra un poste. Había otros autos siguiéndonos, gente tomando fotos, era como un *show* extremo de acrobacia.

Finalmente todo se detuvo, un niño compadecido me trajo pan y agua; el conductor del Tsuru estaba borracho, llorando dentro de su auto y yo, sentado en la banqueta con sus llaves en la mano, temblando. Al pasar unos minutos pensé que años atrás yo habría podido ser el conductor de ese auto, que yo hubiera podido atropellar a alguien mientras manejaba ebrio. Así que sólo pedí a los familiares del conductor que me pagaran los daños de mi moto y se fueran, inclusive le pedí a un amigo mecánico que me cotizara lo más barato posible los arreglos para que pudieran pagarlo. Esa tarde regresé a casa triste con las costillas lastimadas y uno de mis brazos hinchado.

Pasaron varios días, mi brazo se inflamaba más e iba perdiendo movilidad en la mano. Fui con un médico para tomarme una radiografía y éste me dijo que la mano se me había zafado con el impacto de la caída, que al pasar los días sin atenderme se había soldado sobre mi brazo y había perdido la movilidad definitivamente. No obstante, puso énfasis en que me la podían volver a despegar y sujetar con un sistema de tornillo y clavos, aunque ya no recuperaría por completo el movimiento ni la fuerza. Mi respuesta al doctor fue: «Gracias, me quedo con mi golpe». Salí de ahí enojado con la sensación de que para él sólo representaba la factura de una operación más.

Hice una nueva pausa en mi vida. La tristeza me inundaba como una ola, me sentía impotente, mi mano miraba hacia arriba y al bajar la hinchazón sentía en ella un dolor constante. Una tarde, tratando de hacer algo de ejercicio, fui con un amigo a correr a Chapultepec. Al finalizar la corrida nos dirigimos al área de barras en donde hacíamos lagartijas y estiramientos. Mi amigo Alfredo —presente en este aprendizaje y en otros futuros, a quien años más tarde enseñaría a manejar una moto—, me dijo en un tono que no sabía si era de broma o certeza: «¿Por qué no haces lagartijas apoyando tu antebrazo en lugar de tu mano?». Titubeé por un momento pero accedí, me pareció una idea lógica. Ese día hice lagartijas por encima de una muñeca temblorosa y regresé cada tarde al mismo lugar a repetirlas, hasta que nuevamente la magia y el poder del cuerpo se hicieron presentes, y mi mano, de forma casi milagrosa, fue encontrando su camino de regreso para recuperarse por completo en pocos meses —inclusive, con más fuerza y con toda su movilidad original—, a pesar de las predicciones médicas y los dolores intensos.

El doloroso aprendizaje me hizo de nuevo encontrar el poder que vive dentro de nosotros, me hizo darme cuenta de que las cárceles de la mente tienen muchas formas, que lo que en apariencia es perfecto, por dentro puede seguir vacío, que la libertad es transitar en paz sobre la dualidad con ambas piernas.

KAWASAKI NINJA 636R

Retomé mi camino decidido a encontrar el equilibrio. Un estado que ya no fuera excesivo de ninguna forma. En aquella época entendía que durante ocho años había perdido el tiempo, que mientras creía que era una persona brillante y superior a los demás, todos aquellos que consideré inferiores eran más exitosos y plenos que yo. Decidí entonces que no quería volver a tener esa sensación nunca más en la vida y que al cumplir 40 años sería exactamente lo que siempre había soñado. Sólo me quedaban 10 años, pero tenía la convicción necesaria para aprovechar cada instante. Había comprendido que sólo podría ser una persona exitosa si me esforzaba en ello sin perder un segundo, dejando de confiar en mi buena fortuna para esforzarme como cualquier otra persona lo haría.

Mi fórmula para el éxito ya no sería volverme mejor que los demás, sino trabajar más que los demás. Sin embargo, los primeros años de nuestro proyecto de negocio fueron muy difíciles. Juan David y yo llegábamos caminando hasta una pequeña oficina, dentro de otra oficina, que nos prestaban en la colonia Condesa. Lo poco que ganábamos se iba rápido y lo único que crecía era la cuenta en la fonda que nos fiaba la comida. Los amigos de Juan trataban de convencerlo de que yo estaba loco y no debía seguir trabajando conmigo, pero ambos estábamos resueltos a triunfar sin escuchar las sentencias de los demás.

Ese éxito tardó mucho en llegar, el esfuerzo era excesivo y la ganancia muy poca. Cuando vislumbrábamos un gran proyecto, se derrumbaba antes de lograrse; por lo que en lugar de avanzar parecía que retrocedíamos. Pero cada mañana nos veíamos, entusiasmados y decididos a seguir luchando.

Una tarde recibí la llamada del esposo de una amiga, quien trabajaba para Wunderman, una de las agencias de publicidad más importantes, en donde era el director general creativo. Estaban concursando globalmente para obtener la cuenta de Johnnie Walker y se habían encontrado con una idea que yo había desarrollado tiempo atrás, cuando trabajaba en la agencia de relaciones públicas. Esta idea giraba en torno a la existencia de otros intereses, más poderosos que el dinero, que apoyaban a los empresarios dueños de restaurantes y bares en el desarrollo de sus negocios. El concepto no había quedado sólo en hipótesis pues había grabado, con una pequeña cámara, los testimonios de los 30 empresarios que lideraban la industria restaurantera en México y cuyas declaraciones comprobaban mi teoría. Ahora Wunderman me pedía que les vendiera la idea y les diera una asesoría, lo cual era sorprendente para mí porque hasta entonces desconocía cómo cobrar una idea. De hecho, la cantidad que me ofrecieron fue diez veces mayor a la más alta que yo hubiera podido establecer como costo.

De pronto estaba ahí, frente a un grupo de directores creativos y estrategas de renombre, respondiendo preguntas obvias para mí. Comprendí entonces que lo que Juan David y yo debíamos hacer de inmediato era convertir nuestro proyecto en una agencia de publicidad, pues teníamos el potencial para hacerlo. Al salir de la segunda junta llamé a Juan, entusiasmado como siempre que aparecía una nueva oportunidad, y le dije: «¡Tenemos una gran oportunidad de transformarnos en una agencia de publicidad! Veo que tenemos una forma de pensar diferente para este mercado». Acordamos con este grupo que les daríamos nuestras ideas si ellos, en cambio, nos daban la operación de los proyectos.

Durante los siguientes meses generamos con nuestras ideas resultados que antes no habíamos imaginado. Cuando nuestros clientes decían: «Ahí vienen los muchachos de Upgrade a ayudarnos», nos llenaba de orgullo. Posteriormente, el grupo para el que trabajábamos se cambió de agencia a la prestigiosa agencia ddb, y con ellos gestamos durante meses un gran proyecto para otra marca de cerveza que se desarrollaría en el norte de la República.

Ese cambio parecía representar finalmente la oportunidad de tener algo grande y alcanzar el éxito que buscábamos. Así que pedimos prestado dinero a todas las personas que conocíamos, vendimos mi auto y empeñamos el de Juan que sus padres le acababan de regalar. Estábamos seguros de salir adelante: no teníamos miedo de no poder pagar. Iniciamos entonces la operación del gran proyecto. Mientras Juan cubría algunas ciudades, yo cubría otras —todas las del Norte—, y como llevábamos el dinero contado caminábamos largos trayectos y nos hospedábamos en moteles de paso. Incluso nos enviábamos la foto, bromeando quién de los dos había encontrado el peor hotel. Recuerdo una insomne noche en la que me tocó hospedarme en un motel sobre la carretera de Tijuana llamado San Reno, que ostentaba un gran reno de luces doradas que parpadearon toda la noche sobre mi habitación. Nada nos detenía, era nuestra aventura para alcanzar el éxito.

Desafortunadamente, para nosotros, yo no había logrado tener una buena comunicación con nuestra clienta, quien, en medio del calor sofocante de la ciudad de Mexicali, me dijo que ya no quería trabajar conmigo, se levantó sin mirarme y se fue después de meses de arduo trabajo. Habiendo empeñado esfuerzo y dinero que no era nuestro, el proyecto que nos auguraba el éxito, se caía de nuestras manos repentina y drásticamente.

Cuando llamé a Juan, quien se encontraba en un triste motel de Ciudad Juárez, hubo del otro lado de la línea telefónica un gran y prolongado silencio. Sólo nos tocaba regresar a Ciudad de México, con lo poco que nos quedaba, y asumir que habíamos perdido nuevamente.

Las personas de la agencia nos responsabilizaron de todo y nos abandonaron a nuestra suerte, volteando la cara para salvar su cuenta y su trabajo; quedamos en el limbo sin algo a qué aferrarnos.

Después de dos años de fracasos, golpes del destino, ilusiones que se desvanecían, habiendo perdido lo poco que nos quedaba, con un pasivo de seis meses de renta de la oficina, deudas a amigos y familiares y sin dinero para seguir adelante, supimos de una persona que podía ayudarnos. Se trataba de un ejecutivo con muchas relaciones y proyectos que necesitaba asistencia para llevarlos a cabo. Nosotros estábamos dispuestos a darlo todo por obtener esa oportunidad.

Llegó el día de la esperada visita de nuestro salvador.

Aguardábamos en la oficina, impacientes, cuando vimos entrar a un joven de nuestra edad, con traje impecable, zapatos que brillaban hasta deslumbrar y un reloj que parecía no tener igual en el mundo. Se bajó de un Audi último modelo y caminó despreciando todo lo que lo rodeaba por considerarlo inferior. Se acercó, nos miró sin quitarse los lentes oscuros, moviendo la cabeza de arriba a abajo para tratar de encontrar en nosotros algo que le pareciera confiable. Después de hacernos un par de preguntas acerca de la agencia y de nuestra experiencia, se fue diciendo que no valíamos nada y que solamente le habíamos hecho perder el tiempo. Juan y yo quedamos en silencio y nos retiramos de la oficina tristes, desolados. Parecía que no lograríamos nada.

Me dediqué esa tarde a reflexionar por qué no lograba el éxito y por qué cada vez que me proponía algo, se me caía de las manos. No encontraba una respuesta lógica, pues siempre mi empeño era total. En medio de esa sensación de impotencia escuché de pronto la frase que mi padre pronunció durante toda mi infancia: «Tú eres sólo una llamarada de petate, tan pronto te enciendes, tan pronto te apagas». Él decía esta frase cada vez que yo hacía algo bien, augurando luego un fracaso inminente. En ese instante vislumbré que yo cargaba con su sentencia en mi vida, repitiéndola una y otra vez, encendiendo algo y saboteándome para apagarlo, reiterando incesantemente un decreto que había quedado grabado en mí como definitivo.

Comprendí que lo que el ejecutivo exitoso había visto en nosotros era a dos fracasados queriendo seguir siendo fracasados. Él había visto en mí al niño que cargaba como bandera la sentencia de su padre. Me imaginé la imagen del sujeto en la mañana, mientras se vestía y se veía al espejo, pensando que era exitoso, que era el mejor. Y supe que eso se lo habían enseñado en su infancia: él seguramente había aprendido de su padre a ser exitoso, entretanto yo, a ser fracasado.

Esa misma noche, Juan y yo fuimos al cine —cada quien por su lado — y, curiosamente, vimos la misma película: *En busca de la felicidad*, con Will Smith, que en ese momento tan decisivo de nuestras vidas marcaría nuestro destino, porque fue lo que necesitábamos para abrir los ojos. Yo suelo decir que no fue Jodorowski ni los libros de filosofía oriental de Lin Yutang, sino Will Smith quien iluminó mi camino.

En la película, Will Smith demuestra que lo único que se requiere para alcanzar el éxito es la persistencia, insistir hasta lograr lo que deseamos sin importar las adversidades o las negativas que nos encontremos, andar a la caza de nuestro objetivo incesantemente, aun si éste no quiere ser alcanzado por nosotros. No aceptar un «no» jamás.

Fue increíble descubrir que en la infancia aprendemos a ser exitosos o fracasados y de eso depende en gran parte lo que logramos en la vida. Las sentencias de nuestros padres en nuestra infancia se vuelven verdades que nos definen y vivimos detrás de ellas queriendo salir a flote o caminamos cargándolas como si fueran parte de nosotros.

Al día siguiente, Juan y yo nos reunimos en la oficina y comentamos la película. Ambos habíamos vivido una experiencia similar y comprendimos que lo único que nos faltaba para tener éxito era creer que podíamos tenerlo, pues ya gozábamos del potencial y la energía necesarios. Pedí mil pesos prestados y me metí al barrio de Tepito para conseguir dos esplendorosos relojes falsos que serían el símbolo de nuestro éxito: ahora nos veríamos como queríamos ser. El mío era una imitación de un Ferrari negro con amarillo que ostentaría frente a mis futuros clientes, como el ejecutivo lo había hecho con nosotros. Ya no había nada que nos detuviera para alcanzar el éxito.

Juntamos en una mesa todas las tarjetas de presentación que teníamos de posibles clientes y compramos las revistas en donde venían los directorios de las principales empresas. Las revisamos de arriba a abajo y elegimos a los candidatos que buscaríamos sin importar si nos conocían o no. Yo elegí al director de compras de una cadena de restaurantes. Le llamé todos los días por las mañanas y por las tardes hasta que después de 20 días me respondió para decirme que lo dejara en paz, que no me conocía y no entendía por qué llamaba siempre. Mi respuesta fue que lo seguiría buscando si no me daba la oportunidad de presentarle mis servicios, pero él negó necesitar alguna agencia. Después de tanto insistir, accedió a darme 15 minutos, a cambio de dejarlo en paz. Sorprendentemente, la junta de sólo unos minutos duró más de dos horas y esa tarde salimos con nuestro primer gran cliente y una nueva etapa en la vida: un grupo de restaurantes y bares para quienes hicimos inauguraciones, planes de promoción, programas de lealtad y alianzas estratégicas con marcas.

Ahora que lo veo en retrospectiva, parece increíble que todas las cosas pueden cambiar en un segundo si cambiamos nuestra apreciación, una simple idea puede destruir nuestro enfoque o hacernos surgir de lo imposible a lo posible.

Gracias al éxito que alcanzamos pude comprar una maravillosa Kawasaki Ninja 636r, una de las mejores motos que he tenido en mi vida, quizá la mejor: ligera, aerodinámica, veloz; la moto perfecta para dominar las carreteras a alta velocidad. La 636r era una hermosa moto seminueva, pero de una gama más alta que las que había tenido hasta entonces. En ella viajé por el sur del país desafiando los límites de velocidad que al desaparecer me hacían sentir que me deslizaba por los aires. Recuerdo la sensación de tocar el piso con las rodillas por las cerradas curvas de la sierra oaxaqueña; los paisajes rocosos iluminados por el sol del otoño, cuyas formas surrealistas eran inundadas por un dramático rojo; abrir los brazos para sentir el viento; detenerme en los largos caminos con la impresión de ser un guerrero junto a su caballo.

Los fines de semana salía a carretera, me gustaba pasar la caseta de cobro y en ese momento acelerar a fondo hasta cruzar los 200 kilómetros por hora como una señal de que nada podía detenerme. Iba y venía solo, libre, ligero, sin nada que me detuviera, con una pequeña mochila en la que cargaba dos cambios de ropa interior que lavaba en los hoteles por las noches. Detenía mi máquina veloz al borde de la playa, en donde me recostaba por las noches a mirar las estrellas ensoñando con la vida, pensando que en algún lugar del mundo habitaba alguien para mí, alguien que quizá también estaba en ese momento mirando a las estrellas presintiendo que yo existía.

KAWASAKI NINJA ZX10R

Dedicaba mi vida a trabajar incansablemente, y mis días libres a volar en mi motocicleta. Aunque aún faltaba mucho para alcanzar el éxito material, yo me sentía exitoso, pues vivía en paz teniendo una empresa con sólo dos integrantes, que además parecía destinada al fracaso, pasamos a ser cinco al año siguiente. De la Ninja 636r pasé a una Ninja zx6r más reciente que era en sí la evolución del mismo modelo, aunque debo decir que la 636, con esos 36 centímetros cúbicos de más, nunca fue superada por ninguna 600 cc de la misma marca.

En la época en la que trabajamos para la cerveza Heineken, sin imaginarlo, gracias a nuestro trabajo, se había convertido en un importante competidor de las cervezas de Grupo Modelo, quienes al enterarse de que ya no estábamos con la empresa holandesa, nos buscaron para laborar con ellos. Hicimos algunos proyectos pequeños hasta lograr que nos invitaran a concursar por uno mucho mayor de lo que acostumbrábamos hacer. Se trataba de una campaña para vincular a la cerveza Estrella con la música.

En esos días no era común utilizar música digital de forma comercial, era la época en que los discos compactos eran lo más sofisticado que existía. Así que se nos ocurrió que esta cerveza podría ser la primera marca en regalar música digital que, aunque tuviera que ser entregada en un disco compacto o una memoria usb, las personas podrían elegir los géneros y temas que quisieran tener.

Al presentar nuestra propuesta nos hicieron muchas preguntas —a lo que también nos acostumbraríamos en el futuro—, pues les parecía que nuestra idea no era posible, además habíamos fijado un costo por tema que entonces no era viable: se trataba de un costo radicalmente menor al del mercado. Nosotros creíamos que era factible porque estábamos eliminando muchos gastos de por medio al llevar la música de forma digital y estábamos generando un nuevo sistema de promoción musical. Una semana más tarde recibí la noticia de haber ganado; sin embargo, el director de la marca había dejado un mensaje claro: «Tienen 15 días para lograrlo o lo pierden».

Tocamos la puerta de todas las disqueras que gobernaban el mercado de la música. La mayoría nos negaron el servicio, pero dos mostraron interés: pusimos a competir a Sony Music y a Universal Music. Sony terminó por darnos el costo que requeríamos a cambio de permitirles promocionar diez temas dentro de los 100 que estábamos comprando, lo cual nos enfrentaba a un segundo problema: toda la música digital era considerada «pirata» o «ilegal» y sólo había un Software de Phillips que tenía los candados para llevar un registro auditable de los usos de las canciones. El precio de este software era excesivo y no podíamos afrontarlo. Entonces decidimos crear uno igual y pedir a Sony Music que lo certificara.

Durante una semana, casi sin dormir día y noche, estuvimos metidos con programadores y auditores hasta lograrlo. En la fecha límite presentamos la ejecución de nuestra idea perfectamente resuelta. Este proyecto representó una facturación de 8 millones de pesos, cantidad que nunca hubiéramos imaginado lograr en el pasado.

Los proyectos de nuestra empresa eran cada vez más grandes. Empezábamos a expandir y alcanzar nuestras metas. Estábamos decididos a crear una compañía que fuera única en México, en donde las oportunidades de desarrollo fueran iguales para todas las personas. Deseábamos propiciar una nueva realidad para la gente que trabajara con nosotros, bajo el mismo esquema de reparto del dinero en función de lo que cada quien había hecho realmente. Además, ahora planteábamos que todos fueran partícipes del éxito en la medida en que se habían esforzado para alcanzarlo. Decidimos establecer el sueldo mínimo cuatro veces por arriba del tasado en el país, ofreciendo así la posibilidad de una vida digna a los menos capacitados; invertir parte de las utilidades para que las personas pudieran viajar y adquirir una mayor perspectiva del mundo; invertir en su desarrollo personal y, sobre todo, fomentar que nuestros colaboradores crearan una armonía entre su vida personal y el trabajo. Decidimos también terminar con las jerarquías inútiles, eliminar los puestos directivos y gerenciales; y crear un sistema de trabajo basado en el liderazgo y la equidad.

Gracias al éxito que íbamos logrando pude, por primera vez en mi vida, ir a una agencia de motos nuevas a comprar una Kawasaki Ninja zx10r último modelo, evolución máxima de las dos anteriores, con un motor mayor, aunque con un diseño similar, pero, sobre todo, nueva. Recuerdo con emoción la sensación de haber alcanzado esa meta, de tener una moto que yo había elegido y podido pagar íntegramente; verla en la agencia brillando impecable mientras la elegía. Sentía que todos los ciclos habían concluido ahí, que las vueltas sísmicas de mi destino llegaban a un punto final. Me sentía realizado. No obstante, a la siguiente semana de haberla comprado, la vida me deparaba una nueva enseñanza.

Si bien las 600 cc ofrecían una potencia sin igual gracias a su ligereza, llegar a montar una 1000r era como ir sobre un potro salvaje, trotando en total libertad.

Una tarde salí de casa, después de lavar la zx10r, rumbo al gimnasio. Paré por gasolina y al quitarme el casco para poder pagar, escuché a alguien que me gritaba —como un eco que escuchas y que intentas ignorarlo—, volteé y vi de reojo la pistola con la que me apuntaban. Me tardé unos segundos en saber lo que pasaba, pero era claro: me estaban robando la moto —nueva, impecable y sin seguro—; y, por tanto, estaba perdiendo nuevamente lo que había logrado. La zx10r se fue con dos tipos arriba y yo me quedé parado con el casco en la mano sin saber qué hacer. Corrí hacia una patrulla y no me quiso ayudar a perseguirlos. En medio de tanta impotencia sólo pude arrojar el casco al piso y quedar sentado en la banqueta con una sensación de desolación profunda.

Fue un momento en el que todo se detuvo por unos segundos, donde la nada se apareció ante mí para tocarla y saber que nada es todo y que todo es nada. Busqué en mis bolsillos para sacar mi cartera y ver cuánto dinero tenía. Me levanté de ahí dejando el casco tirado y me fui caminando de forma serena a un restaurante argentino de lujo, donde me alcanzó para pedir un espléndido corte y una botella de su mejor vino. Increíblemente para mí —y seguramente para quien lo lea

— esa tarde estaba festejando.

Al quedarme sentando en la banqueta pasaron por mi cabeza todas esas motos que logré tener y perdí; todo el esfuerzo que había hecho una y otra vez para alcanzarlas y, en medio de esas imágenes, entendí que yo no poseía a ninguna de esas motos y ninguna de ellas definía lo que yo era. También asumí que lo que sí era absolutamente mío era mi capacidad para ir por una y otra, y otra, cada vez que quisiera, porque poseía la capacidad de alcanzar mis sueños, de crear. En una servilleta escribí uno de mis más grandes aprendizajes: «Atesoro saber que tengo todo y que no me pertenece ni pertenezco a nada».

Entendí que todo lo que conseguía en la vida podía ir y venir y me lo podían arrebatar como esa moto, pero que nada ni nadie podía despojarme de mi aptitud para volver a alcanzar mis metas, crear lo que quisiera. Entendí que en mis manos estaba el poder de tener una o diez motos, y que esas motos eran objetos. Comprendí que lo material es siempre pasajero, pero es permanente lo que se queda en nosotros como un aprendizaje de vida.

Al siguiente día me sentí libre. Sabía que las próximas motos serían aventuras y tenía en mí la energía para seguirlas alcanzando. Sentía como si mi vida avanzara con la velocidad de un tren bala. Nuestra empresa empezaba a florecer y nos mudábamos de la pequeña oficina en la colonia Roma a una mejor y más grande, en Polanco. Yo vivía en un bonito departamento en la colonia Escandón, me sentía libre y entero. Los miedos de mi infancia, por lo menos los más terribles, eran túneles que ya había cruzado y sabía que jamás me tomarían por sorpresa.

Semanas más tarde logré recuperar mi moto, pagando un rescate, ya que acudí a los mecánicos de los talleres de la zona, pues sabía que las motos robadas se vendían por partes en estos lugares. Finalmente con 10 mil pesos la recogí en un corralón de policía, estando seguro de que ellos mismos me la habían robado.

A pesar de sentirme pleno y libre, el amor era para mí una carta que no había sabido jugar, una meta sin cumplir. Durante toda la vida, la ilusión de amar constituyó mi fuerza para creer y soñar, pero también había sido siempre una experiencia dolorosa.

Cuando parecía no haber ya ningún obstáculo, más allá de los que se sortean cada día para seguir adelante, me enteré de algo que traería un cambio repentino a mi destino: la mujer que había sacado a flote mis peores demonios, con quien pude ver todo lo que yo era y no quería ser, de quien me había alejado para escapar de la persona en la que me había convertido, había tenido una hija mía. Al saberlo, quise ser su salvador. Creía que lo que yo había logrado con mi vida, lo podía lograr cualquier persona y que podría ayudarla a salir de sus infiernos para construir juntos una vida y dar una familia a nuestra hija.

Hice todo lo posible por acercarme a ella, y después de muchos intentos lo logré. Pensaba que encontraría a una mujer plena que había superado sus demonios de la misma forma que yo, pero, contrario a mi idea, me encontré con un ser sumido en el odio y la tristeza, que había acumulado rencor durante toda su vida y éste se había acrecentado en los últimos años. Quise salvarla, creí que era posible lograr que la felicidad que me inundaba la colmara a ella.

Cuando conocí a mi hija nos reconocimos de inmediato. Era increíblemente parecida a mí, alegre e intensa, una niña con una hermosa luz en su corazón. Sin embargo, para su mamá ella no podía ser una niña plena: creía que el mundo estaba ahí sólo para atacarla y causarle daño, tal como le había causado a ella misma. Su miedo era tan grande que sostenía una pared infranqueable para alejarla. Yo intenté aproximarme, procuré ser su padre, aunque su madre, en realidad, no me lo permitiera. Ella conservaba una lista con todas las enfermedades que la niña había padecido y de las cuales me culpaba por desconocerlas —incluso no me dejaba acercarme a ella sin desinfectarme primero las manos—; sin embargo, la pequeña Lucy flotaba sobre ese mar de miedos con la veleta de su alegría.

Quise que me escuchara y comprendiera que el vivir en sí es el mayor peligro, pues todos estamos condenados a morir. Ella no pudo prestar oídos y sólo después pude entender que no podía escucharme ni verme como yo era, ya que me veía como ella temía que fuera. A través de mucho esfuerzo pude convencerla de casarnos para dar una vida digna a nuestra hija y pese a las dificultades de nuestra relación, yo creía firmemente en que mi esfuerzo y mi convicción eran legítimos, quizá tanto que era fácil desconfiar de su autenticidad.

Después de algunas semanas de preparativos llegó la boda. Dejé mi pequeño departamento y también mi moto, pues ella no quería verme más sobre dos ruedas. Cuando estábamos en el festejo del matrimonio, ella expresó que yo lo lamentaría. Las cosas se entretejieron de forma drástica y abrupta, para dejarme después de un par de semanas en la calle con lo que cabía en una mochila y con una serie de demandas legales sustentadas por los más prestigiosos despachos de abogados que parecían querer arrebatarme hasta el derecho de existir. Ella había creído que esa era una buena forma de vengarse del mundo, de su padre que había destruido su infancia y de mí; bajo esa premisa decidió quitarme todo lo que tenía.

Fueron semanas muy tristes. Yo me sentía confundido, pero poco a poco pude ir sorteando cada una de las demandas y quedar liberado después de varios meses. Tuve la posibilidad de revertirlas, pero no lo hice, yo no tenía ningún rencor ni deseaba causarle daño alguno; si no podía estar con mi hija, al menos quería que ambas estuvieran bien. Finalmente, ella admitió que prefería verme enfermo y perdido, no me perdonaba haber salido adelante. Entonces comprendí que tenemos la capacidad de cambiar nuestra vida y destino, pero no el de los demás.

Deseé intensamente que la luz en el corazón de mi hija la guiara hacia su felicidad, que el amor de su madre le diera paz, y que fueran felices. Yo acepté que el destino me llevara de nuevo a encontrarme con mi hija, o quizá no, si así debía de ser.

Como me quedé con muy poco dinero renté un oscuro y diminuto departamento en un sexto piso en la colonia Anzures, un lugar carente de encanto que, pese a ello, fue el espacio perfecto para poder adentrarme en mi corazón y encontrar a esos fantasmas que derrumbaban mis posibilidades de ser correspondido en el amor pleno. Viví un año silencioso, queriendo descubrir en mi soledad el daño que cargaba en mí para sanarlo.

KAWASAKI NINJA ZX6R

Al cabo de seis meses pude comprar otra Ninja zx6r restaurada con la que los fines de semana salía de nuevo a la montaña. En esos días un amigo llamado Xavier empezaba con el proyecto de una revista especializada en vehículos de lujo llamada *Vía*. Le conté una idea que se venía gestando en mi mente: escribir artículos acerca de viajar en diferentes motos a destinos mexicanos; especialmente a pueblos mágicos, haciendas y lugares para descubrir, hablando en primera persona de las sensaciones del viaje, las curvas, la aceleración, la sensación del piloto.

Yo pensaba —y sigo pensando— que los artículos de las revistas especializadas en vehículos carecían de sustancia. Planteaba que para el lector es más importante captar lo que se siente frenar antes de una curva pronunciada o acelerar en una recta que saber las dimensiones o el torque del motor; que el escritor debía saber transmitir la sensación plena que se disfruta a bordo de una moto cuando te adentras en un camino. Mi amigo aceptó la propuesta y la revista se llamó *En el camino*. Inicié mi primer artículo llevándome la mv Agusta Brutale edición especial, que Francis de la Grange, dueño de De la Grange Moto Art, me prestó a regañadientes para llevar a cabo mi primera experiencia periodística. La moto despegaba tan fuerte que al encenderla se levantó de caballito y por el retrovisor pude ver la cara de Francis con una expresión de susto, temiendo que tuviera una fuerte caída en su mejor moto.

En los siguientes meses cubrí el lanzamiento de la primera bmw r1200 gs, en el Paso de Cortés; la prueba de la Harley Davidson Heritage Softail y la Roadking, rumbo a Valle de Bravo; la prueba de una mv Agusta f4 y la nueva bmw k1300s, en una pista de carreras frente a un bmw m6 y un Porsche gt 3; y el lanzamiento de las Can

Am Spyder, entre otras máquinas veloces y sorprendentes. Mis días estuvieron dedicados al trabajo, al ejercicio, las motos y la conexión con mis emociones, decidido a no moverme hacia ningún lado en el amor hasta no sanarme y entender en dónde radicaban mis fantasmas.

Pude sentir la superioridad de las motocicletas bmw gs que te hacen percibir que dominas el camino sin esfuerzo alguno, sentir cómo cuando te subes a una Harley Davidson te conviertes en una Harley, y por qué las italianas son las reinas de la emoción sobre el asfalto.

Una tarde, estando en mi oscuro departamento, me llegó sin esperarlo, una imagen —quizás obvia—, pero que hasta entonces para mí no lo era: lo que me impedía encontrar la plenitud en el amor era simplemente lo que yo había visto y aprendido en mi familia. Tenía como referencia a mis padres en su relación torcida y agresiva, la cual buscaba repetir con mis parejas, pues era la única forma de amor que yo conocía verdaderamente. Igual que en mi relación frente al éxito, yo repetía simplemente lo que había aprendido en mi infancia.

Descubrí que cuando veía a una mujer hermosa, amable y, sobre todo, equilibrada, representaba para mí algo inalcanzable; por el contrario, si conocía a una mujer con problemas, entonces me parecía adecuada. Adentrándome en esa sensación me di cuenta de que en realidad lo que yo sentía por una mujer que me parecía perfecta era un profundo miedo, era como subir con vértigo a la cima de una montaña. Temía tanto que cuando la veía e intentaba acercarme para abordarla, temblaba y tartamudeaba, porque en el fondo de mi corazón yo no creía merecer algo mejor de lo que tuvieron mis padres.

Resuelto a superar esta carencia decidí sobreponerme a mi temor y abordar a cada mujer que me pareciera inalcanzable. Al principio era como querer aproximarme a un tigre hambriento, pero al cruzar la barrera que el miedo representaba, descubrí que había mujeres agradables, sencillas, abiertas y dispuestas a conocerme. Mi miedo empezó a disiparse poco a poco y decidí que sólo tendría una pareja si ella representaba todo lo que para mí había sido inalcanzable. Mientras tanto viviría, abrazando a mi soledad y construyendo mi vida sin esperar nada más de lo que tenía en mí.

Mi situación económica mejoraba poco a poco, la empresa había crecido con 30 integrantes y tenía la posibilidad de decidir hacia dónde llevar mi vida. Hasta entonces yo había sido un motociclista solitario, me gustaba viajar solo y evitaba los grupos, pues me parecían monótonos y carentes de lo que para mí significaba la moto: libertad y conexión con uno mismo. Sin embargo, mi amigo Xavier me invitó a salir con un pequeño grupo y encontré el placer de abrir mi corazón a las cosas que antes temía: tener amigos y compartir. Sabía que ahora mis relaciones serían equilibradas y podía encontrar en ello experiencias que antes no había vivido. Tuvimos varias salidas en donde nos hicimos amigos de nuestros caminos, yo me sentía abierto y tranquilo. Llamamos a nuestro grupo gpr, Gusto por Rodar.

El grupo de motociclistas lo creamos varios amigos que nos conocimos en ese momento, entre los que se encontraba Ioram, un personaje digno de reconocer y admirar. Cuando lo conocí montado sobre una bmw 650 gs no era más que un regordete de cabello relamido, entre semana vestido de traje y corbata perfectamente planchados; trabajaba en un periódico financiero y tenía una vida demasiado normal. Sin embargo, un día decidió que no quería ser más ese personaje y, gracias a la pasión que las motos le generaban y a la increíble sensación de libertad necesaria que en él imprimían, repentinamente dejó todo lo que tenía: sus trajes, su trabajo de oficina, su amable mujer e inclusive su gordura, para convertirse en un hombre que hoy puede jactarse de ser una de las personas que ha recorrido el continente de punta a punta sobre dos ruedas más de una vez, ostentando su larga melena y barba desenfadada moldeadas por el maravilloso aire de la libertad.

¿Qué nos impide cambiar, dejar lo que somos y ya no queremos más? ¿Por qué vivimos conformes con lo que odiamos pensando que eso es lo que nos tocó vivir? Una decisión basta para cambiarlo todo, sólo pensar en dejar atrás lo que somos y lo que tenemos nos aterra como si en ello estuviera la vida y, al hacerlo, descubrimos que la vida que merecemos apenas estaba por comenzar. Es como estar en una montaña entre la neblina espesa y no poder seguir adelante por miedo a caernos. Entonces nos quedamos ahí parados, con frío, inertes, sin saber que detrás de las nubes, tan solo unos pasos adelante, se encuentra un hermoso y cálido valle dispuesto a abrazar nuestra existencia, un suelo fértil para que nuestra vida florezca a plenitud.

APRILIA RSV 1000 FACTORY

Como yo sabía que las motos japonesas eran las que más se robaban, y veía de pronto en los caminos pasar a las altivas motos europeas que despreciaban con sus diseños a todas las demás, decidí comprarme una. Era una espectacular Aprilia rsv 1000 factory, réplica exacta de la moto que había ganado el campeonato Moto gp hacía tres años. La moto había sido restaurada por un amigo y pude conseguirla con facilidades de pago. Con ella rompí la barrera de los 300 kilómetros por hora yendo hacia San Miguel de Allende, por la larga recta que permite ver de reojo la flecha en el velocímetro que cruza la línea de los 300 y se queda pegada, vibrando al límite del marcador.

Había conocido también a Luis Aramoni, un campeón del motociclismo nacional, quien me invitó a participar en sus *track days*. Ahí, con la simple técnica que mi pasión de vida me daba para conducir mi Aprilia a toda velocidad, pasé de los grupos de principiantes a los amateur y de ahí a los profesionales, con los que terminé a la punta.

Una mañana, sin saber cómo había sucedido, desperté en mi pequeño departamento de la colonia Anzures con una sensación nueva en el corazón, como si el aire hubiera cambiado repentinamente. Habían pasado pocas semanas desde que enfrenté mi miedo al amor y de pronto me sentí simplemente liberado y con una cálida sensación que, como una luz incandescente, bañaba mi cuerpo y hacía sentir sanado mi corazón.

Escalaba montañas, cruzaba ríos nadando a contracorriente y corría en las pistas con mi Aprilia. Mi vida de soltero se acomodaba y ya no buscaba el amor fuera de mí, sentía mi alma liberada y en paz. En las siguientes semanas materialicé la idea de lo que implicaba para mí ser un hombre soltero: renté un sofisticado *loft* en la colonia Condesa, me compré un auto deportivo nuevo y además tenía mi preciada Aprilia rsv 1000r. Sin embargo, cuando yo ya había decidido estar solo, el destino y la luz que guían nuestro ser a pesar de los caminos errados de la mente, me tenían la gran sorpresa de mi vida a la vuelta de la esquina.

Cuando trabajaba de mesero, 15 años atrás, había conocido a Thana, prima de un par de amigos también meseros, a quien conservé como amor platónico. Era una mujer hermosa, inteligente, equilibrada e inalcanzable por la que sufrí sin que ella lo supiera; a quien agredí sin querer por no saber cómo decirle que la amaba; de la que escapé por miedo cuando tuve una oportunidad de contacto. Nos conocimos en un bar donde uno de sus primos nos presentó y yo sólo pude recitarle un par de poemas de Baudelaire, decirle que yo era poeta, nombrar la lista de los poetas que conocía y quedarme callado. Para ella fui un pedante; para mí, ella una diosa.

En los siguientes años nos vimos casualmente en eventos o lugares donde yo trabajaba. Una vez en la barra de un bar, justo al lado de su lugar, la retraté como una gran escultura de sal con palillos, vasos y cubiertos. Ella pensó que yo me lucía con los demás, y yo sentí que nada de lo que hacía le importaba. En otro bar, detrás de la barra, le preparé temblando un *bellini* de durazno que, para mi tristeza, se tomó con su novio; después le serví el mejor *expresso* del mundo y también el mejor martini *extra dry* que, según yo, podía existir.

Una noche de fiesta acabamos con su primo en mi casa, yo saqué mis poemas y los leí en voz alta, le regalé todos mis cuadros y mi corazón, pero a su primo y a mí nos ganaron las copas; ella se marchó y asumió que yo le prometí cosas que nunca le di. Otra noche, frustrado por sus hermosos ojos verdes que se me aparecían frente a la barra donde yo trabajaba para pedirme de la manera más dulce una bebida, tomé la manguera de agua y la mojé con tanto amor y tanto enojo que todo lo antipático que ella creía que era, se hizo palpable. Otra vez, en una fiesta, a la que yo fui invitado por el novio de su mejor amiga, ella platicó de sus grandes amores, yo la vi profundamente sin que ella lo notara y le dije en silencio: «Tu gran amor soy yo».

Cuando estaba decidido a disfrutar de mi soledad, Thana reapareció repentinamente, en una de esas noches que sólo Dios es capaz de mover los hilos del encuentro de forma tan magistral. Al volverla a ver sólo se me ocurrió preguntarle cuál era su canción favorita, ella respondió: «Angel Eyes», tema que también era mi predilecto y que la invité a escuchar en mi auto con una gran versión interpretada por Sting. Al terminar le dije: «Te voy a poner ahora mi segunda canción favorita». Al tiempo le expliqué que era maravillosa porque la guitarra lograba expresar tan fielmente las emociones que parecía que hablaba, que lloraba, que reía. Ella exclamó, «Watermelon in Easter Hay, de Frank Zappa», que también ocupaba el mismo lugar en sus gustos. Así se fueron dando uno a uno grandes temas hasta que le pedí un beso; se negó y a cambio le di mi Ipod como si le entregara mi corazón abierto para que lo conociera.

Llegó el día de su cumpleaños dos semanas más tarde. Yo estaba sentado frente a mi computadora pensando que quería regalarle algo especial. Tenía tanto trabajo que me era casi imposible ir a buscarlo. En un instante volteé a ver mi computadora y decidí apagarla. Por primera vez en muchos años asumí que no cumpliría con mis compromisos de trabajo y que me dedicaría fiel y totalmente a crear su regalo de cumpleaños que, sin saberlo, valdría nuestro primer beso.

Nuestros destinos se enlazaron conectando cada partícula de nuestro ser, borrando todo lo que conformaba el mundo para reinventarlo de forma tan perfecta que la realidad parecía una película surrealista. Eran días maravillosos, una epidemia de influenza tenía vacías las calles de la ciudad y cerradas las oficinas, nosotros le llamamos: «El amor en los tiempos de influenza».

Descubrimos que ambos, un año atrás, habíamos pasado por el mismo lugar en Oaxaca, pero en momentos distintos; en donde tomamos mezcal sin saber que el destino seguía nuestro rastro. Yo compré tres corazones de latón que guardé para el momento en que conociera el amor verdadero y me tomé una foto en el lugar exacto en el que ella se había tomado una en otro tiempo. Thana y yo nos contamos la historia sorprendidos por la semejanza en momentos y lugares, así que nos surgió la idea de hacer juntos ese recorrido hacia el mar de Oaxaca para preguntarle al mezcal, al camino, a los corazones de latón y al mar si lo nuestro era real.

Todo se disponía de forma perfecta, pero yo tenía muy poco dinero, así que sólo pude voltear a ver mi Aprilia y caí en la cuenta de que por fin había encontrado en mi vida algo más valioso que una moto. La vendí al primer amigo que la tomó con lo que tenía en efectivo, y me fui con Thana a recorrer un camino que en realidad nos recorría por dentro a los dos.

Una tarde invité a Thana y a sus padres a la terraza de un café en donde les leí un poema que acababa de escribir, en el que entre imágenes y líneas se podía vislumbrar que le estaba pidiendo matrimonio.

Nuestra boda y nuestra vida fueron un mundo pleno de maravillas, un amor libre, inmenso, vibrante, vivo. El amor en mi corazón había sanado. En la cima de la pirámide de Malinalco hicimos un ritual de fuerza y amor para llamar a nuestra primera hija, una hermosa guerrera que sería mi maestra en el camino de la paternidad que, para mí, era lejano y confuso. Ella sería mi guía para aprender a ser padre, para reconstituirme en el amor que ella merecía y que yo, finalmente, necesitaba para posicionarme en el mundo de forma íntegra y plena.

VENTO HOT ROD

Cuando mi hija Thana Marie nació, yo pude apenas comprar una motoneta Vento Hot Rod con la que iba y venía de mi oficina a mi casa feliz y ligero, impulsado por el aire de la dicha, buscando cada día ser una mejor persona para mi familia. La pequeña motoneta china resultaba maravillosa, ligera, divertida. Nada le pedía a las grandes motos que había tenido antes.

Mi amigo Alfredo, quien años atrás me había incitado en el parque a hacer lagartijas con el antebrazo cuando tenía la mano aparentemente inservible, me pidió que le enseñara a manejar moto, pues estaba a punto de comprar una. Fuimos a la agencia a que la recogiera y al salir simplemente le dije: «Súbete, préndela y sígueme». A él le parecía un descuido de mi parte, mientras que, según mi experiencia, para mí era la mejor manera de empezar a manejar; es decir, sin miedo. De alguna manera fue así como yo aprendí.

Una tarde quedé con él para tomar café. Platicamos de la experiencia vital, de cómo todas las cosas finalmente se acomodan; de lo increíble que era el cambio en mi vida habiendo dejado atrás las cosas negativas. Al salir del lugar, subí a mi moto y abrí los brazos para sentir el aire. Todo era perfecto, de no ser porque me asaltó la idea de la baja temperatura y el viento; yo no llevaba más que una delgada playera, por lo que podría enfermarme.

Al siguiente día me atacó una fuerte gripe y estuve en cama, mientras me preguntaba si el viento y el frío habían sido antes o mi idea de enfermarme; si había sido un presentimiento o quizá una predisposición. Me adentré en la enfermedad como quien entra en una gruta para encontrar en el fondo un tesoro empolvado: descubrí que la gripa era un sabotaje a mi felicidad, que después de tener esa sensación de plenitud había decidido, inconscientemente, castigarme, pues creía que no la merecía. Esta revelación se mostraba tan clara que no podía evadirla. Sabía que cada vez que había enfermado de algo en mi vida, había en realidad una emoción contenida.

Cuando tenía 20 años advertí que la vida que me había tocado, me colocaba en una situación especial, pues había tenido experiencias y emociones tan fuertes que mis parámetros se habían extendido más allá de lo común. Sabía que podía enloquecer, pero también que si lograba salir adelante podría entender cosas que difícilmente eran comprensibles. Era como empezar una vida después de haber vivido otra que terminaba en ese momento, dejando en mis manos todo lo aprendido para guiar mi destino hacia donde yo quisiera, si conseguía la capacidad de ver a través del dolor.

La gripe se fue dejándome un gran aprendizaje: me permitió ver que todos los síntomas nos hablan para sanar algo que nos impide ser felices. Entendí que nuestro cuerpo se comunica con nosotros a través de lo que llamamos enfermedades, para decirnos que hay algo que resolver. El cuerpo se expresa por medio de gripes o torceduras; si no hacemos caso vienen las pulmonías o las fracturas; si seguimos sin escuchar, finalmente llega el cáncer, porque ante ese intento de nuestro cuerpo por despojarse de lo que le impide el avance, lo que hacemos es callarlo con medicamentos, ocultando lo que requiere ser sanado porque nadie nos enseña a enfrentarlo.

Tratamos de ignorar eso que acude a nosotros para guiarnos, y al hacerlo nos dañamos más, olvidando ese diálogo sagrado entre las emociones y el cuerpo al que he llamado «benditos síntomas». Dejar atrás la connotación negativa de las enfermedades y entender que son una gran oportunidad para aprender y evolucionar, para adaptarnos a los cambios siempre latentes en la vida, a los que se enfrentan nuestro cuerpo y nuestra mente.

Curiosamente, cada año, acercándose la fecha de mi cumpleaños, a pesar de todos los cuidados que pudiera tener, siempre acababa enfermo con fuertes gripes y en cama; por ello decidía pasar esos días lo más solo y tranquilo posible, evitando cualquier tipo de festejo. Cuando mi pequeña hija había nacido y llegó el momento de mi cumpleaños, yo decidí que terminaría para siempre con ese terrible designio. Le pedí a mi esposa que me dejara solo en mi cumpleaños, pues me adentraría en mis emociones para poder entender qué sucedía más allá de los síntomas físicos.

Estuve en cama todo el día y al llegar la tarde, entre tos y lágrimas, surgió una inesperada imagen, «inesperada» porque yo siempre atribuía todos mis males a las enseñanzas de mi padre y, sin embargo, esta vez era mi madre quien surgía en mi memoria. Recordé que cuando niño —por ser demasiado caprichoso para los demás y por la fama de mis padres—, tenía muy pocos amigos, hasta que un día mi madre tuvo la idea de hacerme una gran fiesta de cumpleaños para que invitara a todos mis compañeros de escuela y, con ello, pudiera tener amigos. Recordé que ese día logré que nuestra maestra nos dejara salir antes para llegar con mis compañeros a mi fiesta; sin embargo, mi madre me recibió con fuertes insultos y golpes frente a los niños temerosos que se alejaban uno a uno. Hasta ese momento, este recuerdo había quedado borrado de mi memoria, en que surgía para hacerme entender el porqué de mis enfermedades cada que se avecinaba mi cumpleaños. Yo quería estar solo, quería sin saberlo evitarme la vergüenza de ser lastimado frente a mis amigos, prefería enfermarme antes de volver a repetir esa sensación definitiva y drástica que se había grabado en mí. Al siguiente día surgí de la enfermedad sano, y pude en los años consecutivos festejar a plenitud mi cumpleaños sin temor a enfermarme de nuevo.

BMW K1200S

Mi empresa había pasado ya de los 30 a los 60 integrantes. Llegó el día de uno de los primeros repartos de utilidades, que yo empleé, para comprar una moto superior a todas las que había tenido hasta entonces. Se trataba de la icónica k1200s de bmw, con los emblemáticos colores blanco y azul de la marca; una maravillosa y potente moto, aerodinámica, cómoda, con una suspensión tan suave que parecía la de un Cadillac. Recuerdo cuando la vi parada en la agencia con una personalidad arrogante y suprema, y también cuando salí de la agencia en ella, escuchando el increíble y agudo sonido proveniente de la fricción de su motor k. En ella iba y venía de la oficina a la casa, pleno.

Un día mi esposa y yo salimos de la ciudad, en la moto, decididos a buscar un lugar en donde cimentar nuestro futuro. Nos preguntamos hacia dónde mirar ahora que teníamos una familia y, como mi empresa prosperaba, decidimos comprar una casa de campo fuera de la ciudad.

Después de pensar cuáles serían los lugares ideales, coincidimos en que lo mejor era buscar en Valle de Bravo por todo lo que un lago podía ofrecer a nuestra familia, así que tomamos nuestra k1200s y nos fuimos a la búsqueda. El camino hacia Valle de Bravo fue nuestro primer viaje en motocicleta juntos y, aunque la BMW resultaba incómoda para ella, se trataba de una gran aventura, pues compartíamos nuestro amor y mi pasión por las dos ruedas.

Curiosamente, el regreso a la ciudad en donde esperaba nuestra hija a cargo de mi madre fue un pequeño caos, nos perdimos al equivocar la carretera y llegamos tres horas tarde, preocupados porque nuestra pequeña esperaba la leche materna.

La k1200s resultó tan incómoda que decidí rediseñar su asiento haciéndolo de dos posiciones con un tope para el pasajero a fin de que no se recorriera hacia delante en el momento de frenar, pero aún así no fue nuestra moto ideal.

Unos meses después teníamos ya una casa de campo cerca del lago, en donde disfrutábamos de una pequeña lancha que para nosotros era como un yate. En ella pasábamos las tardes en medio del lago, haciendo planes de vida.

DUCATI MULTISTRADA

Mi empresa llegó a las 100 personas y abrimos oficinas en varias ciudades de México, todo prosperaba y se acomodaba de forma perfecta, y cambiamos nuestro hogar a un mejor departamento en Polanco, cerca de mi oficina. Vendí mi incómoda k1200s. Ahora tenía la gran oportunidad de elegir y comprar cualquier moto, esta vez sin límite de precio o modelo, simplemente la que yo quisiera. Acababa de salir al mercado una obra de ingeniería alemana que parecía la mejor opción posible, se trataba de una k1600 en versión gt y gtl con el motor de seis cilindros en línea más pequeño que se hubiera fabricado.

Para mí lo más importante era que esta moto fuera cómoda para mi esposa, por lo que hice varias llamadas a las agencias bmw para pedir pruebas de manejo, y cuando conseguí tener una en la agencia de Santa Fe, llegué con mi esposa, preparados para saber si era la moto ideal. No pudimos probarla porque para los gerentes de bmw yo no representaba el tipo de cliente que llega a la agencia a comprar una moto nueva de esta gama. Salí enojado de la agencia de bmw y recordé a Francis de la Grange, quien me había prestado su mv Agusta Brutale cuando escribía los artículos en la revista, así que le llamé por teléfono para contarle lo sucedido y esa misma tarde pude probar en su agencia una maravillosa Ducati Multistrada Sport Touring 1200 que me enamoró y convenció a mi esposa de ser lo suficientemente cómoda, aunque también se preocupó porque era demasiado veloz y tenía un torque muy brusco. La compré.

La Ducati Multistrada era un lobo con piel de oveja. Bajo su disfraz de Touring doble propósito se ocultaba una feroz moto de pista con una potencia impresionante en todas las velocidades que, además, contaba con sistemas electrónicos de estabilidad que la hacían una bomba en potencia.

En esos días, en el lago conocí el *wakeboard*, una especie de patineta acuática que me cautivó inmediatamente. Cuando era adolescente, la patineta era uno de mis grandes refugios, la escondía debajo de las escaleras del edificio donde vivíamos y al salir rumbo a la escuela, la intercambiaba por mi mochila y me dedicaba a recorrer la ciudad en ella tratando de perfeccionar los trucos que apenas podía hacer. La realidad es que no había sido bueno en ese deporte como en muchas otras cosas, pero el paso del tiempo me había enseñado que no era bueno porque no podía creer que lo fuera. Ahora las cosas eran diferentes, me sentía capaz de superar cualquier obstáculo, de ser bueno en lo que dispusiera. Así que me inicié en el *wakeboard*, decidido a lograr lo que alguna vez creí imposible.

Algunas veces entre semana tomaba mi Ducati en la madrugada para dirigirme al lago a entrenar y llegar a mi oficina al mediodía. Esto se convirtió para mí en la mañana perfecta, a la que llamé «la pinta», una generosa mezcla de dos adrenalinas con café.

El *wakeboard* no era precisamente un juego fácil, en realidad se trataba de un deporte extremo en donde la combinación de la alta velocidad y la complejidad de los movimientos necesarios para desarrollar los trucos lo volvían sumamente peligroso.

Una mañana quedé con mi amigo Xavier para hacer «la pinta» juntos, saliendo de la ciudad en nuestras motos para ir a esquiar al lago. Quedamos de encontrarnos en la primera caseta de cobro de la carretera, poco antes del amanecer. Salí de casa todavía a oscuras y subí por la avenida Constituyentes para encontrarme con mi amigo en la salida hacia la carretera y, en medio del tráfico, me tocó presenciar cómo asaltaban a mano armada al auto que estaba delante de mí. El asaltante apuntaba al conductor del auto y me miraba nervioso, ya que me encontraba a unos cuantos metros. Parecía un blanco fácil o una amenaza. Yo no sabía cómo actuar, finalmente el tipo huyó con la cartera y el reloj del conductor y no hubo más consecuencias. Yo seguí mi camino para encontrarme con Xavier y salir a la carretera rumbo al lago.

Llegamos a Valle de Bravo y nos dispusimos a bajar por la terracería hacia el muelle. La moto de Xavier, una bmw k1200s, no era la ideal para bajar por los escarpados caminos, y en una bajada muy pronunciada se atascó. Al acelerar para salir, la llanta trasera patinó, hundiendo más la moto en la tierra. Yo me ofrecí a bajarla, sabiendo que podía caerme en cualquier momento; descendí con su moto hasta que caí; pero fuera de un raspón en la moto y un leve golpe en mi pierna, todo estuvo bien. Levantamos la moto con dificultad y seguimos caminando hacia nuestro destino.

Cuando llegamos al lago, la lancha especial para hacer *wakeboard* que yo rentaba no estaba disponible, se la había llevado otro amigo para que sus hijos esquiaran. Además de que ellos utilizarían la lancha antes que nosotros, los encargados de la marina tardaron más de lo habitual en bajarla, por lo que el momento ideal para esquiar se pasaba, ya que el viento después del mediodía genera mayor oleaje en el agua. No me había percatado de que todo se complicaba, de que quizá algo me estaba diciendo que parara, pero en ese entonces yo no sabía escuchar más que a mi voluntad.

Después de dos horas de espera inicié mi entrenamiento de forma muy forzada, tratando de controlar la tabla para elevarme sobre las olas picadas. En uno de los primeros saltos que di sobre la estela de agua, la tabla se perfiló en picada dejando atrapado mi pie como si fuese un ancla que, por la velocidad de la lancha, se atoraba en el agua como si ésta fuese concreto. Sentí un dolor muy intenso y pedí salir, al hacerlo ya no podía sostenerme. Llegamos a la orilla del lago sabiendo que me había fracturado.

Al llegar, mi instinto me hizo ponerme de pie, aunque casi no podía hacerlo. El camino desde la orilla del lago hasta donde se encontraba la moto era una inclinada subida de más de 100 metros, por la que subí soportando el dolor y haciendo que mi pierna me sostuviera a pesar de que era notorio que el pie colgaba como un trapo, separado del tobillo. Al llegar a donde estaba mi moto utilicé la bota ajustada de motociclista para unir mi pie, metiéndola a presión; ya que la hinchazón apenas lo permitía. Traté de subir a mi moto para manejar, pero ya no pude sostener el peso.

Me llevaron a mi casa en el bosque en donde esperé a una camioneta de mi oficina que me llevaría de regreso a la ciudad, pues en ese momento ya me era imposible caminar. Al llegar a mi casa tenía la pierna sumamente hinchada, el pie no respondía para hacer ningún movimiento, el dolor era intenso y tenía una fiebre muy fuerte. Esa noche, sin tomar ningún medicamento, decidí adentrarme en el dolor para sanar lo que hubiera que sanar en mí, con la certeza de que ese accidente y esa serie de sucesos no eran casuales y que algo me estaba hablando: tal vez algo fuera de mí que también era yo o algo más grande que nos guía y que llamamos Dios. Yo veía entonces a ese accidente como una gran oportunidad.

La fiebre aumentó dramáticamente durante la noche, haciendo que mi mente se adentrara en alucinaciones que quizá tenían algún sentido, mitigando con su intensidad el dolor que me causaba la fractura. El accidente era para mí una puerta que se abría, una invitación a cruzar el puente que nos conecta con todo lo que somos.

Desperté a la mañana siguiente con dolor, pero decidido a ir a trabajar y, sobre todo, resuelto a buscar el regalo de cumpleaños de mi esposa. Fui a la oficina y a las tiendas brincando sobre el pie sano, tratando de apoyar el pie lastimado, a pesar del dolor, para obligarlo a reaccionar. Me detenía cuando podía para sentarme y frotar mi tobillo y mi pie, tratando de encontrar el punto en que se habían separado para sanarlo.

Pasaron tres semanas de fiebre, en las que me tenía que cambiar de ropa repetidas veces durante la noche por la intensidad del sudor. Sin embargo, todas las mañanas salía a caminar apoyando el pie como me fuera posible, cada día un poco más. A la cuarta semana tomé una drástica decisión: al siguiente día correría 10 kilómetros, y lo hice, sobrepasando los límites del miedo y de lo aparentemente imposible. Conectaba con lo real, con lo esencial, con lo que soy mucho más allá de lo que parezco ser.

Estamos acostumbrados a tomar medicamentos o a someternos a operaciones para no cruzar el umbral que nos conecta con nosotros mismos. Rechazamos el dolor como si fuese algo dañino y maligno, pensamos que las enfermedades son castigos que por alguna razón nos merecemos. Si cambiamos esa ideología y entendemos que el dolor no es malo, que no hay castigos divinos y que todo pertenece a una experiencia perfecta llamada existencia; si desaprendemos el miedo y creemos en nuestra perfección, todo cambia de una forma fascinante. Nada es negativo.

En esos días mi empresa estaba transitando por un serio problema, que sería el puente que conectaría finalmente la enseñanza y la sanación.

Cuando iniciamos nuestra empresa invitamos a trabajar con nosotros a una persona que fue fiel y trabajadora durante los primeros años, tanto que yo decidí regalarle acciones. Mi socio aceptó, no sin mostrar su preocupación; sin embargo, para nosotros la lealtad era ciega.

Pocos meses más tarde, la idea resultó ser mala, pues nuestra empresa había crecido de tal forma que había toda clase de intereses actuando dentro y fuera de ésta, creando una bola de nieve que pronto crecería a un tamaño insospechado.

Había un segundo amigo, al que yo había dado trabajo con la idea de ayudarlo, a pesar de su aparente falta de capacidad, carencia que también creció como una enredadera en las paredes internas de nuestro negocio.

El primero de ellos había creído que las acciones de la empresa significaban poder, y al ver que no era así, tomó la decisión de arrebatarlo. El segundo de ellos, al mostrar su incompetencia, nos pidió apoyo para mandarlo a vivir a Tijuana, de donde era su reciente esposa, y en donde trabajaría para la empresa con la promesa de hacer su mayor esfuerzo para salir adelante. Ambos, sin que nosotros lo sospecháramos, habían tomado la decisión de quitarnos algo que creían que era suyo.

Estuvo de por medio nuestro cliente más importante, para el que teníamos seis oficinas abiertas a lo largo de la República Mexicana y más de 60 empleados trabajando para sus marcas. Enfrentamos una demanda comercial, soportada por un despacho de abogados, pagada con los recursos de una empresa competencia a la que habíamos ganado proyectos y clientes, y que albergaba, desde meses atrás, a nuestro demandante. Además afrontábamos una demanda laboral sostenida por un juez que resultaba ser el suegro del segundo amigo al que habíamos invitado a participar, juez principal laboral de la ciudad de Tijuana.

El conflicto había crecido tanto, con redes que se adentraban a los lugares que no hubiéramos imaginado nunca, que todo lo que habíamos construido hasta entonces parecía estar a punto de derrumbarse.

Mi pie, por cierto, había quedado pegado chueco a mi pierna, pero servible y soportando mis largas caminatas y mis entrenamientos, en los que corría 10 kilómetros, dos veces por semana.

Eran días confusos, complejos, la impotencia nos asaltaba a veces sin saber cómo actuar correctamente frente a un conflicto tan grande e injusto, en apariencia. Llegó el día en que tuve que decirle a mi esposa que venderíamos nuestra casita en el bosque para tratar de salvar a mi empresa.

De la venta guardé un poco del dinero para festejar su cumpleaños en Puerto Vallarta —para su sorpresa—, en la suite presidencial del mejor hotel del lugar. En medio del caos, nos centrábamos en el amor para decidir engendrar a nuestro segundo hijo, sabiendo que nuestro barquito flotaba sobre un mar turbulento que en algún momento se calmaría; dejando que la luz y la magia del amor inundaran nuestra existencia. Ese día en el mar ambos le decíamos adiós a una etapa de prosperidad y abundancia, entregándonos en paz a lo que tuviera que venir, sabiendo que Dios está en todo y que todo es perfecto, aunque muchas veces no parezca así.

Las cosas se fueron complicando más y más, hubo que pedir apoyo a amigos, familiares y prestamistas. Mi madre me había dado el departamento en el que vivía, su única propiedad, para hipotecarlo, igual que mi tío Lalo quien me había entregado las escrituras de todas sus propiedades para el mismo fin, con la esperanza de que yo lograra salir adelante.

Una noche, a la que llamé «la noche de la cena triste» —ya que solía salir a cenar con mi esposa cada semana desde que nos casamos para compartir experiencias, aprendizajes, acuerdos sobre nuestra familia, y siempre, hasta entonces, lo había hecho contento—, el desconsuelo y la angustia me embargaban sin que pudiera disimularlos. Al siguiente día el juez daba su fallo, y si éste era en nuestra contra, seguiríamos adelante con una deuda difícil de imaginar, sin poder sacar las hipotecas de las propiedades que nos habían prestado, y con 100 empleados dependiendo de nosotros.

Ése ha sido uno de los momentos más difíciles de mi vida, pues aunque ya había perdido todo muchas veces antes, esta vez tenía una familia que dependía de mí, empleados que creían en nosotros, a mi madre y a mi tío Lalo, a quienes no sabría cómo decirles que había perdido las demandas y con ello quizá también sus propiedades.

Mas como la magia siempre está presente, Dios se manifiesta de forma maravillosa en nuestras vidas, y lo peor que nos pasa es lo mejor que nos puede pasar. Yo tuve un sueño revelador esa misma noche: me veía a mí mismo siendo un niño y mi papá me decía que iba a ir a mi escuela a preguntar mis calificaciones —algo con lo que me amenazaba constantemente— y de manera humillante me ordenaba hacer una y otra tarea. Yo me sentía angustiado y de pronto caía en cuenta de que mis piernas no se movían. En ese momento tomé conciencia de que estaba soñando; ya era un adulto y, a pesar de las predicciones de mi padre, era una persona exitosa y no un fracasado. Entonces volteaba a verlo y me negaba a obedecer, diciéndole que yo era el producto de mis decisiones y ya era un adulto pleno y realizado.

En ese momento desperté y entendí por qué me había roto el pie en el momento en que parecía perderlo todo. Entendí que al avanzar en la vida cargamos con muchas cosas que no nos pertenecen, pero pesan tanto que nos impiden movernos. Comprendí lo difícil que era para mí ser una persona exitosa y, sobre todo, que para seguir adelante necesitaba sanar mi corazón. Al otro día sin más, el juez falló en nuestra contra y lo perdimos todo.

Juan y yo nos reunimos en la oficina, derrotados, pero con la fortaleza necesaria para no dejar que nuestro mundo se derrumbara, decididos una vez más a salir adelante. Entre otros problemas por resolver teníamos una deuda de 25 millones de pesos, para la que quizá tendríamos que trabajar de por vida, así que tomamos una serie de decisiones para avanzar: él se encargaría de tratar con abogados, acreedores, prestamistas e instituciones de crédito, a fin de conseguir dinero y plazos para pagarlo; y yo me dedicaría a conseguir clientes y negocios grandes para empezar de nuevo, pagarlo todo y fortalecer la empresa. Nos dimos un plazo de tres años para crecer nuestra compañía al doble de su tamaño, ya que sólo así podríamos pagar nuestras deudas.

Aunque tuvimos que vender nuestra casa, mi Ducati se quedó. Para mí era un símbolo que me hacía saber quién era y cuál era mi fortaleza. En ella iba y venía a la oficina, a buscar clientes, a luchar por sacar el barco del fondo del océano. A veces también iba a Valle de Bravo a desayunar y a pensar qué casa compraría cuando lograra salir de los problemas financieros. Mi esposa, cuya serenidad y luz nos envolvían, me enseñó el profundo significado de la palabra «soltar», porque hubo que soltar y no controlar nada para poder transitar en paz entre las turbulentas olas.

El control es quizá uno de los peores vicios de la humanidad y siempre obedece al miedo. Es como aferrarse a una semilla, considerarla propia y defenderla de todo, cuando alrededor de nosotros hay un campo de flores inmenso. Dejar de controlar es soltar, confiar en la magia de la vida, abrirse más allá de las expectativas de la mente para dejarse fluir en lo esencial, confiar en la perfección de la existencia, en que lo que deberá suceder, sucederá y lo que no, nunca pasará a pesar de nuestros esfuerzos.

Vino al mundo Alfonso, nuestro segundo hijo, a quien engendramos en la suite presidencial del hotel en Puerto Vallarta, justo en uno de los momentos más difíciles de nuestra vida. Alfonso fue para mí una gran caricia de Dios, la puerta que se abría para que yo terminara de sanar mi paternidad y con ello mi infancia.

Una mañana fui con mis amigos a desayunar a Valle de Bravo. Yo iba a bordo de mi esbelta Ducati Multistrada. De regreso venía compitiendo con mi amigo Karl, quien manejaba una bmw k1200s y era miembro de una familia de pilotos aguerridos. Alcanzamos los 250 kilómetros por hora y yo no permití que me rebasara, lo veía por el retrovisor aferrado a su máquina con una expresión dura y decidida, quizás igual que la mía. Al detenernos en la caseta de cobro pensé en mis dos hijos, en el pequeño Alfonso recién nacido, y decidí sacar las motos de mi vida. Pocas semanas después vendí mi Ducati.

DUCATI DIAVEL

Mi tío Lalo, la persona que nos había dado una nueva oportunidad de vida cuando estábamos perdidos, quien nos había ayudado a escapar de mi padre, se había convertido en mi gran amigo, tomábamos café, hacíamos planes de negocios, visitaba mis oficinas sintiéndose orgulloso de mí. Me consideraba su hijo y yo sabía que sin él no hubiera tenido ninguna referencia para ser una mejor persona de la que estaba destinado a ser. Yo lo consideraba mi figura paterna.

Cuando mi abuelo se quitó la vida, él se había dedicado a mantener a su madre y a sus hermanos. Había cargado siempre con una culpa que no le pertenecía y que no le había permitido vivir plenamente. A pesar de haber sido muy exitoso en los negocios nunca tuvo una familia propia y dedicó su vida a cuidar de mi abuela, quien se había sentido cómoda con la culpa de mi tío, manteniéndola encendida con reproches constantes que le impidieron formar una familia y en cambio, crearon un extraño lazo entre ellos conformado por la dependencia.

Desde los años en que nos había rescatado del infortunio al que nos llevó mi padre, yo tenía la suerte —mala o buena— de encontrármelo en la calle cuando acababa de comprarme una moto y él me preguntaba con extrañeza y un poco de molestia: «¿Cómo le hiciste para comprarla?».

También me había visto trabajando en restaurantes o en negocios que visitaba, y con curiosidad e inquietud me preguntaba: «¿Qué haces aquí?». Aunque él creía que yo era una causa perdida y seguiría inevitablemente los pasos de mi padre, se sorprendía al ver que era una persona trabajadora. Una tarde, después de muchos años, coincidimos en una junta en donde yo presentaba un proyecto a personas con las que él tenía una sociedad. Cuando terminé, él se soltó en llanto y exclamó conmovido: «¿Cómo le hiciste? ¡Nadie te ayudó!, ¿cómo lo lograste?», pues yo había logrado salir adelante a pesar de que todo le indicaba que no sería así.

Lalo era un hombre bondadoso con un carácter muy fuerte y explosivo como el de mi madre, gracias a sus frustraciones, pero su generosidad no tenía igual en el mundo. Cuando su padre se suicidó, él se dedicó a trabajar en una pequeña agencia de viajes juntando todo el dinero posible sin permitirse distracciones para hacerse cargo de su madre y hermanos. Su madre exclamaba repetidamente la frase: «Yo sólo quiero al más bonito y al que más me dé», sentencia que para él, que no era precisamente «bonito», lo obligaba a dar todo lo posible para ganar su cariño. Trabajó tanto que logró tener mucho éxito en los negocios y dar a mi abuela una vida de lujos como si se tratase de su esposa, sin permitirse en el acto tener una familia propia, pues para mi abuela eso no cabía en la ecuación de su egoísmo. Cuando él nos ocultó de mi padre y nos ayudó a gestionar los trámites para quedar liberados, en secreto compró un hermoso e inimaginable departamento para nosotros, que decoró con todo el cuidado de los detalles y que nos regaló como una oportunidad única y decisiva para nuestras vidas. Un departamento llamado esperanza.

Una tarde, el tío Lalo visitó mi casa para comer con mi familia, cargó a mis hijos que sentían un profundo cariño hacia él, se conmovió y lloró porque en su corazón vivió a través de mí la vida que había soñado. Fue intensamente feliz esa tarde, tanto, que decidió que estaba listo para morir. Las siguientes semanas y meses fueron su agonía, yo tuve la oportunidad de estar a su lado, de afrontar con él ese cáncer de soledad que terminaba con su vida y agradecerle con mi amor, el amor que él me había dado.

El día de su funeral, entre todo tipo de intereses, relaciones encontradas, culpas y rencores —como sucede en casi todos los funerales—, sus amigos comentaron que él siempre había querido tener una moto y les platicaba a ellos acerca de las mías con orgullo. Él decía que no sabía cómo, pero yo siempre lograba lo que me proponía y vivía lo que quería. Yo salí del funeral, fui a la agencia Ducati y con el dinero que me había quedado después de saldar todos los gastos, me compré una espectacular Ducati Diavel roja, una moto de carácter futurista con diseño arriesgado y un motor de 1200 cc con la que Ducati desafiaba a todas las motos tipo *chopper* y *muscle*, creando una pieza que bien podía haber sido exhibida en los museos de arte moderno. Así despedí a mi tío, comprando la Ducati más increíble que existía para los dos.

A diferencia de la Multistrada, esta bella italiana roja con blanco era una bestia domada, una deliciosa moto dispuesta a lo que yo quisiera con sólo accionar el acelerador o cambiar la configuración de los distintos modos de manejo. Esta Ducati era única, una moto suave y cómoda con una respuesta brutal del motor cuando era necesaria —brutal, pero progresiva— y una suspensión demasiado suave debajo de esa máquina increíble, tan suave que invitaba más al manejo relajado que a las velocidades altas.

Mi empresa no había salido de deudas todavía, pero habíamos alcanzado a sacar la cabeza del agua, crecíamos poco a poco y sorteábamos uno a uno los compromisos que habíamos adquirido. Aún no podíamos comprar otra casa en el lago, pero sí pudimos rentar una a la que íbamos cada fin de semana con nuestros dos pequeños. Una mañana que estábamos ahí invité a mi esposa a desayunar en el pueblo de El Oro y nos fuimos en la Ducati. Salimos muy temprano para llegar a un peculiar restaurante dentro de un antiguo vagón de tren. Al terminar nuestro almuerzo nos encontramos al grupo de motociclistas gpr. Nos invitaron a tomar café en un rancho cercano y nos fuimos con ellos por un camino de terracería en el que mi Ducati Diavel no le pedía nada a las altivas bmw r1200gs. Salió adelante en terrenos supuestamente inadecuados para esta moto, ante las caras incrédulas de los motociclistas que nos acompañaban.

Después de tomar el café salimos del lugar para regresar a casa, pues nuestros hijos nos esperaban. Pero nos perdimos y se le terminó la batería a mi teléfono. Dos horas después salimos a la carretera en dirección a Michoacán, nos tocó una lluvia que se convirtió en granizo, y estuvimos perdidos por más de cuatro horas. Curiosamente, cada vez que había salido en moto con mi esposa, desde la k1200s pasando por la Multistrada y ahora en la Diavel, siempre habíamos tenido algún percance. Al llegar a casa, nuestros hijos nos esperaban angustiados y nuevamente decidí dejar las motos.

Vendí la Diavel y con ese dinero, más una cuatrimoto y dos relojes, compré nuevamente una lancha —mis amigos se sorprendían de la clase de trueques que hacía para conseguir lo que quería—. Quise trasladar mi gusto por las motos a las lanchas, tratando de suplir una afición con otra. Durante algunos meses me dediqué a «evangelizar» a mis amigos, que ya eran padres de familia, acerca del peligro de las motos, creyendo fervientemente en lo que decía, hasta que me atrajo una bmw f800gs a la que no me pude resistir. Mis amigos me dijeron que era un mentiroso, y yo respondí que sí, que me mentía a mí mismo.

BMW R NINE

La f800gs es la moto que menos he disfrutado. La sentí muy alta, con el punto de equilibrio demasiado elevado y las llantas muy delgadas; me parecía muy lenta en la respuesta del motor y muy pesada. Definitivamente no era mi moto ideal, así que la vendí a los pocos días. Sin embargo, poco después fui a la agencia de bmw a comprar una Maxi Scooter 600 Sport porque ahora buscaba una moto sólo para ir a la oficina o al café. Hice todo el papeleo, pero antes de cerrar la transacción tomé la decisión de llevar a mi esposa a verla. Al entrar a la agencia, ella miró la Scooter con tal expresión que supe que tampoco era para mí, después volteó y con la mirada señaló una r1200 Nine t como diciéndome: «Ésta sí es para ti».

Mi r nine t resultó una delicia para la ciudad, con suficiente potencia para sentir la emoción del motor, pero ligera y suave al mismo tiempo, además de cómoda para el manejo urbano.

Estuve semanas trabajando en ella para hacerla a mi gusto, le diseñé un asiento de piel café capitonado que yo mismo tracé junto con el tapicero, la pinté en color blanco aperlado con el azul de bmw en tono mate, mandé traer accesorios del estudio de diseño Rizoma, y finalmente conseguí que mi Nine t fuera mi moto ideal.

Los miedos de la juventud se disiparon por completo. Entendí que la vida siempre se mueve y ahí es donde radica la magia de existir. Supe que no hay abismo que sea más grande que la fe, que nada es permanente —ni la abundancia ni la carencia— ni definitivo.

Desde niño había soñado con vivir en una montaña o en un lago, con tener una hermosa familia, con vivir el sueño de mi maestro de primaria de salir a pescar en mi pequeño bote, sueño que postergaba y postergaba hasta encontrar el momento ideal. Esperaba ahora el momento en que la empresa saliera de problemas para poder llevarlo a cabo. Sin embargo, la vida me enseñaba ahora que el momento ideal nunca llega, podemos desperdiciar la vida esperando el mejor momento sin darnos cuenta de que ese momento es una decisión que sólo sucede en el presente. El momento ideal es el presente tal y como es.

Cumplí 40 años e hice una cena con mis amigos más cercanos y, para mi sorpresa, estando sentado a la mesa del restaurante escuché uno de mis temas preferidos en la vida: *Concierto para violín y orquesta*, de Tchaikovsky. Recuerdo que le dije a mi esposa: «Escucha qué buena interpretación», pues yo sabía distinguir perfectamente entre una buena y una mala ejecución de este gran concierto. En ese momento vi al violinista que la estaba tocando en vivo y que resultaba ser uno de los primeros violines de la Orquesta Sinfónica Nacional. Atrás de él venía un actor caracterizando al pintor Magritte, a quien yo admiro, con la peculiaridad de que él venía recitando mis poemas que navegaban sobre las notas del delicioso violín. Era el regalo que mi esposa había creado para mi cumpleaños 40, regalo que representaba en sí una conclusión de vida. Diez años atrás, a los 30, había decidido cambiar mi destino y hoy, una década después, había logrado absolutamente todo lo que había soñado.

Para entonces vivíamos en un departamento de lujo en la colonia Polanco, la empresa poco a poco mejoraba y crecía, inclusive habíamos pensado desarrollarla fuera de México, sabiendo que teníamos el potencial para lograrlo, como creativos, como empresarios y como mexicanos. Hacernos conscientes de nuestra cultura, influencias y raíces nos permitía tener una visión del mundo verdaderamente única, reconocida en muchas culturas fuera de nuestro país.

El primer encuentro con el exterior tocó con una empresa en Miami, que nos invitó a participar en conjunto para ganar una marca en toda América Latina. Mi equipo y yo trabajamos durante semanas para triunfar. La presentación final fue en Los Ángeles, frente a un grupo de californianos y texanos ligeramente racistas y negados a hablar español. Pero finalmente ganamos a nuestro primer cliente fuera de nuestra frontera. Esto fue una prueba que reforzaba nuestra idea de que podíamos hacerlo.

Conforme los niños crecían, mi esposa y yo decidimos mudarnos a una casa que tuviera un pequeño jardín. Comprendimos que el «departamento de lujo», y lo que suponía ser una de las mejores colonias de la ciudad eran infames para la infancia de nuestros hijos. Estuvimos buscando casa durante meses, pero resultaban muy caras y con jardines prácticamente nulos.

En esos días surgió la oportunidad de competir contra más de 30 empresas globales para llevar la mercadotecnia y comunicación de uno de los despachos de contadores más grandes del mundo. La contienda sería en Londres, de donde es la firma. Como siempre, con el ímpetu por experimentar algo nuevo, tomé mis maletas y me dirigí al Reino Unido.

Recuerdo la llegada a una gran e intimidante torre gris, con mi mochila y mi computadora al hombro. Pocos minutos más tarde estaba en una sala de juntas inmensa en los pisos más altos de la torre, frente a un grupo de ingleses amables y serios que me preguntaron si en realidad iba a presentar yo solo.

La presentación, ya que el miedo no acostumbraba acompañarme, fue una gran experiencia. Antes de iniciar pedí a los ingleses que se quitaran la corbata, ellos se negaron, pero yo insistí, argumentando que si querían entender el mundo en el que vivían debían cuanto antes quitarse la corbata, ellos en principio, y después quitársela a la propia firma. Les di una pequeña lección de mi mejor «spanglish», mostrando lo que las personas piensan realmente de los contadores y los abogados; les propuse citar a sus clientes en el café de la esquina y no en sus conminatorias oficinas; cambiar su estructura y su discurso; entender a sus clientes antes que a sus presupuestos; y, finalmente, entre risas y aplausos salí con la victoria. Cuando ésta fue notificada a los socios de la firma, un grupo de contadores ingleses, ellos no pudieron con la idea de que una pequeña agencia mexicana les hiciera cambiar toda su estructura. La respuesta conclusiva fue que esperarían un par de años para atreverse a llevar a cabo esta evolución.

Al salir de la junta hice un pequeño viaje por Escocia para adentrarme en el mundo del whisky, ya que en esos días estábamos concursando para llevar una de las firmas más importantes de este licor en México.

Estando en Edimburgo decidí tomar un día libre para caminar por la maravillosa ciudad hasta el mar. Durante mi trayecto pude ver un sinfín de casas abiertas, con niños jugando en los jardines, libres, niños andando en sus bicicletas, corriendo en los parques. Pensé entonces en mis hijos y en que yo seguía postergando ese sueño de vivir fuera de la ciudad, pero que ahora el sueño se volvía una necesidad urgente. Llamé a mi esposa y le dije: «¿Y si en lugar de buscar una casa en la ciudad nos mudamos definitivamente al campo?». Ella respondió que sí.

Lo que había soñado en mi vida y que parecía inalcanzable, en ese momento era posible: triunfaba en lo que antes había fracasado y nos íbamos a vivir al campo, cerca del lago. Decidí ir y venir por carretera todos los días de mi trabajo a mi casa, por una hora y media de camino, en las que disfrutaría tres de las cosas que más me gustan: manejar, escuchar música y estar solo. Lo que pasó después lo hizo posible la magia del destino cuando transita por la autopista de los sueños. Las señales se mostraron y dispusieron claramente para que en menos de dos meses estuviéramos viviendo en una hermosa casa en el bosque, con extensos jardines para el goce de la infancia plena de nuestros hijos.

Los primeros días fui a la ciudad a trabajar en mi Nine t. Cuando iba por la carretera libre a menos de 100 kilómetros por hora, la moto era muy divertida y relajada; sin embargo, al tomar la autopista y subir por encima de los 100 kilómetros por hora empezaba a resultar verdaderamente incómoda, el aire me pegaba de lleno en el pecho y el peso del motor Boxter, demasiado bajo, no permitía tomar con seguridad y soltura las curvas. Era una moto muy bonita, pero no servía como transporte frecuente para ir y venir por la carretera.

BMW R 1200 GS

Anuncié mi moto a venta o cambio. Una semana más tarde apareció «La Reina», una moto que yo no había querido tener antes, pues se había puesto de moda y todos los ejecutivos se la compraban; debo decir que en efecto es la moto más perfecta que he tenido. Se trataba de una bmw r1200gs.

Su manejo en carretera a cualquier velocidad implicaba un goce; la posición elevada proporcionaba una sensación de seguridad plena, ya que tenía una visión inmejorable del camino y de los controles; la posición perfectamente diseñada para trayectos largos, la suspensión perfecta y la relación peso-potencia hacían que sintiera que estaba manejando a la verdadera reina de todas las motos existentes. Quizá únicamente tenía un detalle, y era que sobre los 190 kilómetros por hora la moto vibraba, ya que el aire chocaba con las cabezas salidas del motor. Pero a decir de mi amigo Bellato, gerente de bmw, este problema pasaba porque la moto se asentaba al alcanzar los 220 kilómetros por hora. Increíble hablar de este nivel de velocidades, pero gracias a la perfección tecnológica de la gs, alcanzarlas y controlarlas era relativamente sencillo.

Una tarde de regreso al campo, comenzó una tormenta combinada con granizo que hacía a los carros detenerse, caían ramas de los árboles y el piso se tapizaba de hielo. Yo iba en mi gs tranquilo, enfocado y seguro, rebasando a los autos que se detenían, como si fuera dentro de una burbuja. No fue la primera ni la última vez que estuve en una moto dentro de una fuerte tormenta, pero sí fue, quizá, la vez que me sentí más seguro gracias a la tecnología de la moto.

Durante los últimos años había viajado a muchos países buscando una visión global del mundo. Estando en Bélgica, Alemania, Inglaterra e inclusive en ciudades como San Francisco y Chicago, en Estados

Unidos, había notado que el hecho de ser mexicano era en realidad algo positivo a los ojos del mundo. Descubrí que admiran nuestra cultura, nuestra gastronomía, nuestro cine, nuestra creatividad. Pude ver que en las principales ciudades del mundo hay galerías de arte mexicano, grandes artistas de todos los géneros han triunfado en los escenarios más emblemáticos y, claro, hay restaurantes mexicanos de alta gastronomía por doquier. Eso me produjo, más que una visión del mundo, una visión de México. Ello me ha permitido ver nuestro gran poder como cultura, lo que verdaderamente somos, nuestra magia. Pude ver algo que en México no se ve, algo que quizá se nos oculta por no obedecer a los intereses de los medios, los gobiernos y las empresas que nos prefieren ciegos y débiles. México es increíblemente grandioso, nuestras raíces, la evolución de nuestra cultura y la mezcla de razas e influencias hacen de nosotros un pueblo verdaderamente rico, vibrante, vivo y fuerte.

A los pocos meses de haberme mudado al campo, recibí una llamada de Nueva York por recomendación de mi amigo y primer cliente Ruud Bakker, quien había sido director de la Cerveza Heineken en México y que ahora trabajaba como director de marketing global del vodka Smirnoff en Nueva York. La llamada realizada por el director de compras global de la marca fue breve. El director me decía con una seriedad seca y sobria: «Estamos llevando a cabo un concurso para encontrar a la agencia que pueda llevar la mercadotecnia de Smirnoff en todo el mundo. Nos recomendaron con ustedes, pero sinceramente no creemos que tengan las credenciales ni la capacidad para ganar», la llamada era un mero formalismo, «Si desean participar les enviaremos una lista de preguntas para saber si son candidatos o no». Mi respuesta fue un «sí», acompañado de una petición. Solicité que pudiera presentar mis respuestas en persona. Mi interlocutor respondió: «Si tú pagas tu viaje, no le veo problema, aunque sólo contarías con 15 minutos para presentar».

Yo sabía que en realidad no tenía posibilidades de ganar como agencia de mercadotecnia frente a las agencias globales con oficinas en todo el mundo; pero sabía que como mexicano tenía una visión que en realidad sería difícil de superar para cualquier agencia global. La lista de preguntas evidentemente incluía saber cuántas oficinas tenía y en qué países estaban; cuántas marcas globales llevaba; cuántos premios internacionales había ganado, entre otros. Después de dar muchas vueltas a las preguntas, sentado frente a la chimenea de mi casa en el campo, me llegó una solución: simplemente responder a todas las preguntas con un «no» rotundo. Por alguna razón pensé en la imagen de un elefante, que es pesado y nadie quiere llevar a cuestas, como la representación de estas agencias gigantes, y nos vi a nosotros como un pequeño elefante con alas. Así que desarrollé una presentación en donde el pequeño elefante respondía a todas las preguntas con un «no», «no lo soy», «no lo tengo»; para poco a poco empezar a cambiar las respuestas por preguntas, con ellas nuestro elefante los cuestionaba: si en realidad sabían lo que querían y lo que necesitaban, y si se habían dado cuenta de que el mundo ya era global desde que una persona se sentaba frente a su computadora.

Al llegar a Nueva York caminé por la Quinta Avenida hasta encontrarme con el edificio donde se ubicaban las oficinas de Smirnoff. El director de compras me recibió con una cara dura, ni siquiera se inmutó cuando hice un par de bromas sobre la paranoia de la policía en los aeropuertos, inclusive parecía que le habían molestado mis comentarios. Yo entendí que, sería una sesión diferente. Llegamos a la enorme sala de juntas en donde estaban los demás involucrados de la empresa y, sin más, empecé a hacer mi presentación. Fue breve, pero al finalizar los rostros de todos ellos, incluido el del director de compras, habían cambiado y mostraban una sonrisa. Fue este último quien, mirando a los demás asistentes, dijo con la misma seriedad con que me recibió, pero con un semblante de satisfacción: «Nada me gustaría más que ellos ganaran, tiene toda la razón en lo que dice».

Ese mismo día recibí una llamada del director de compras para decirme que habían terminado la búsqueda y que habían decidido trabajar con nosotros; sin embargo, recalcaba, que sólo nos darían el diseño de las estrategias globales. La parte creativa sí la concursarían con otras agencias, y que estábamos invitados a participar si lo deseábamos. Dos meses más tarde habíamos ganado todos los concursos, instituíamos nuestra empresa en Estados Unidos y nos convertíamos poco a poco en una agencia reconocida por toda la empresa en Nueva York.

BMW R 1200 RT

Había pasado ya medio año de ir y venir por la carretera de la ciudad al campo en mi gs, y por fin decidí pasar al siguiente nivel en cuestiones de tecnología y confort, y aventurarme a comprar la moto que siempre había soñado, aquella que estaba pegada en una hoja de revista con un diseño dorado futurista en la pared de mi habitación infantil: la bmw r1200 rt.

Una tarde pasé a verla a la agencia de bmw que está sobre la carretera. Se me acercó Kurt Richter, que era primo de mi amigo Karl, aquel que me perseguía a más de 250 kilómetros por hora el día que decidí vender mi Ducati Multistrada, la cual, curiosamente, me había vendido su otro primo Erwin Richter, hermano de Kurt. Éste era, además de un gran piloto de motociclismo, el director de la marca de accesorios para motos Touratech en la agencia bmw. Me preguntó acerca de la moto que estaba buscando y me dijo que esperara un poco, pues ellos estaban buscando una agencia para hacer eventos y estrategias, y quizá podíamos hacer un intercambio. Yo estaba más incrédulo que nunca, pero esperé.

Pocos días más tarde tuve una junta con ellos en donde platicamos acerca de los lanzamientos y estrategias que querían implementar y tres semanas más tarde se llevó a cabo el primer evento en donde se lanzaba el bmw serie 7 a sus clientes más importantes. A pesar de haber empezado a trabajar con ellos, el costo del evento no cubría ni la mitad del costo de la moto, por lo que mandé un correo al gerente de la agencia y a mi amigo Kurt, proponiendo tres posibilidades — la última me parecía imposible, pero aun así decidí ponerla—: 1. Que yo pagara el saldo restante de la moto a crédito, 2. Que me la dieran cuando se hicieran más eventos y yo lograra cubrir su costo, o 3. Que me la dieran y yo la acabara de pagar con eventos o estrategias que hiciéramos en el futuro.

Aunque yo sabía en realidad que la tercera opción era prácticamente imposible, sobre todo por la rigidez de los alemanes, una semana después recibí un correo sorprendente en donde me decían que podía pasar a recoger mi moto. Así, sin chistar, hacer preguntas, exigir firmas en contratos ni requerir un esfuerzo especial —una noche que para mí es de las más memorables de mi vida, sin que mis amigos de la agencia pudieran imaginar lo que el acto representaba—, recibí de manos de Bellato, gerente de bmw, y Kurt una bmw r 1200 rt nueva y equipada. Era una tarde fría y surrealista, yo sentía que estaba soñando, parado ahí en la agencia con mi casco y mi equipo, esperando a que me entregaran la moto de mis anhelos sin que hubiera hecho un gran esfuerzo, entregada entre sonrisas, abrazos y bromas. Nada más faltó que el director de la agencia me diera una palmadita en la espalda o me persignara para que supiera que estaba soñando. Yo salí de ahí con una emoción difícil de describir. Sabía que ese momento era la conclusión de mi búsqueda. No era la moto en sí, sino todo lo que representaba: poner fin a un trayecto tan largo que parecía interminable, el sueño dentro del sueño, el final de una carrera, la meta, la sensación de haber terminado una jornada de décadas que consistía simplemente en ser yo.

¿Nosotros creamos nuestro destino? ¿Nuestras decisiones tienen el poder de transformarlo todo? Cuando Thana me dijo: «Es que tú creas», parecía algo imposible y lo es, si creemos que nuestros pensamientos tienen el poder de crear la realidad, nuestra mente tiene un poder sobrenatural para crear nuestra vida. Pero si nos adentramos en esa frase considerando que nuestra mente es sólo una parte de nosotros y la entendemos como una máquina increíble accionada dentro de nuestro cuerpo por una energía poderosa llamada ser, luz, alma, Dios, entonces podemos comprender que sí, nosotros creamos nuestra realidad, lo material y lo espiritual no están desconectados, las cosas que percibimos como desgracias no lo son, y el miedo es un velo que nos impide ver la perfección de la existencia.

Yo hice que ese señor me atropellara cuando iba en mi Honda

cbr 600rr, que aquel otro me robara mi Ninja zx10r para aprender y evolucionar a través de esas experiencias; y, más profundo aún, sé que yo elegí a mi padre, quien fue en realidad el más grande maestro que pude tener para entender que el dolor enseña. El presente es como es para leer en el libro del instante nuestra propia historia.

La bmw r 1200 rt era, a diferencia de la gs, una moto perfecta, aerodinámica y poderosa, pero sutil y dócil. Me encantaba subir a ella como si montara un cohete, llevaba a mi esposa y mis dos hijos a desayunar a bordo de ella, sin que ninguno de nosotros sintiera incomodidad; en la carretera se deslizaba sobre el asfalto como si volara y, sin embargo, era quizá ese exceso de perfección lo que la hacía imperfecta, pues carecía del carácter de aventura de otras motos, quizá necesitaba un motor más vibrante y agresivo, o inclusive un poco de incomodidad para saber que se trataba de una moto.

Llegó el invierno y una mañana me encontré con que la carretera estaba nevada. Varios días estuve preocupado pensando que una moto no podía ser mi medio de transporte, por lo menos no tan frecuentemente como lo hacía. Supuse que en realidad necesitaba algo más seguro. Esta vez no pensaba en sacar a las motos de mi vida, sino simplemente reducir el riesgo. Antes de que el invierno terminara vendí mi bmw r1200rt y me compré una camioneta, esperando en el futuro poder comprar otra moto cuando me fuera posible.

Una tarde, escribiendo este libro en un café de la Ciudad de México, vi por la ventana una moto que me pareció la más hermosa que había visto hasta el momento. Se trataba de una Ducati x Diavel s negra. Pensé que ésa sería algún día mi próxima moto, aunque era inalcanzable por su alto costo. Al salir del café me encontré con Erwin Richter, quien era director de la marca Ducati en México, hermano de Kurt y primo de Karl. Platicamos un poco y le dije que me encantaba la moto, él me respondió: «Es tuya». Me comentó que se trataba de una demo que usaría muy poco y que en menos de dos meses me la daría a un precio especial. Yo no dije nada, sabía que era poco probable, lo tomé como un comentario amable de un amigo que sabía mi gusto por las motos. Curiosamente, yo había conocido a Erwin una noche que llegaba a mi casa de trabajar hacía cuatro o cinco años. Karl vivía frente a mi casa y su pequeño hijo me despedía en las mañanas desde su ventana, admirado por la bmw k1200s que usaba en esa época. Esa noche Karl estaba con Erwin, quien llevaba la primera Ducati Diavel que salió al mercado. Recuerdo que yo siempre llegaba puntual a cenar a mi casa, pero esta ocasión no fue así. Erwin me dejó probar la Diavel con la que di vueltas hasta el cansancio por la colonia. Mi esposa recuerda aún el rugido de la moto y la sospecha de que se trataba de mí, indudablemente.

DUCATI X DIAVEL S

Hacía años yo me preguntaba si era congruente con lo que hacía. Hasta el momento tenía una empresa bastante grande, expandiéndose hacia Estados Unidos de Norteamérica y buscando crecer en Sudamérica. Sin embargo, yo no sabía si estaba haciendo exactamente lo que debía hacer. En mi interior existía un constante debate sobre la promoción de marcas globales, que en ningún sentido fomentaban la conciencia o la igualdad. Era feliz realizando mi trabajo, creando experiencias nuevas en las que siempre trataba de inducir algo que impulsara la conciencia de las personas, alguna aportación cultural, social e inclusive espiritual que fuera más allá de la promoción de un producto.

Yo entendía el gran poder que tenía lo que llevábamos a cabo, cómo lográbamos mover conductas o hábitos de forma masiva, por medio de estrategias de mercadotecnia; entendía que de hecho cada vez teníamos más poder, mayor alcance y presupuestos importantes. Había logrado mantener mi promesa de nunca trabajar para farmacéuticas o aportar a la corrupción de nuestro gobierno; y había también logrado impulsar a muchas personas y contribuir a la generación de una gran comunidad que vivía una realidad diferente a la realidad común de México, en donde los valores de igualdad, desarrollo, confianza y respeto eran tangibles en cada una de nuestras acciones y decisiones.

Una mañana tuve mi respuesta. Entendí que las marcas seguirían en el mundo para bien o para mal, y que era nuestra responsabilidad como mercadólogos y como humanos hacerlas cambiar. Las marcas que consumimos sólo cambiarían si las personas lograban modificar su conciencia acerca de lo que consumen y del por qué lo hacen. Y mientras eso sucedía, comprendí también que sólo con el poder económico de las marcas y su necesidad de sembrar una razón cada vez más real en una sociedad que será cada vez más consciente, era con lo que podía contribuir realmente a hacer un cambio.

Decidí que en el futuro me enfocaría únicamente en crear estrategias y acciones que ofrecieran beneficios tangibles a las sociedades, que de alguna forma contribuyeran a esa transformación necesaria. Pensé, entonces, enfocar mi trabajo y mi poder creativo por los siguientes años en lo que llamaría «marketing congruente», utilizándolo en principio para mostrar a los mexicanos su grandeza, la grandeza que ya había descubierto en mí y que me permitía, como a muchos otros mexicanos, triunfar en donde parecía imposible. Decidí crear grandes acciones con el poder de las marcas, que contribuyeran al despertar de los mexicanos, al cambio de conciencia en nuestro país.

Medio año después de que vendiera mi bmw r1200rt, el papá de mi socio Juan David había enfermado. Ellos vivían en León, a tres horas de la Ciudad de México, adonde mi socio viajaba constantemente, preocupado por la salud de su padre. Por alguna razón que yo no comprendía, la situación de Juan me afligía mucho. Yo estaba preocupado por mi socio. Compartía su tristeza, como se comparte con quien ha sido mi mejor amigo, pero mi aflicción y tristeza parecían ir más allá, me afectaban en lo más profundo de mi ser sin entender por qué.

Una noche llegó la inevitable noticia: el padre de mi socio había fallecido. Yo tenía al siguiente día una junta en Mérida para llevar a cabo uno de mis más ambiciosos proyectos en la búsqueda del despertar de nuestro país. La junta no se podía cancelar porque habíamos logrado reunir a varios de los más grandes chefs y creadores del mundo para la realización de un homenaje a la gastronomía y cultura en México, con trascendencia nacional e internacional, que generaría recursos para crear escuelas enfocadas en el desarrollo social, cultural y gastronómico en las zonas más rezagadas de Yucatán, todo con el poder económico de las marcas.

A la mañana siguiente, salí de casa muy temprano, rumbo al aeropuerto de la Ciudad de México, triste y angustiado por mi socio, pero decidido a llevar a cabo mi tarea en Mérida. Una vez realizada volaría después a León para acompañarlo. Al haber pasado cerca de 50 kilómetros de mi salida, todavía con el cielo oscuro y neblina densa, tuve una imagen perturbadora en la carretera. Mientras yo pensaba en la muerte del padre de Juan, me encontré con una persona tirada y sin vida en el camino, se hallaba en el piso y algunos metros más adelante había una patrulla de caminos con las luces de la sirena prendidas, pero en silencio. Era una imagen surrealista, yo me detuve un poco sin saber qué hacer y después comprendí que tenía que seguir. En el camino me preguntaba el porqué de esa extraña visión, por qué en medio de mi aflicción por la muerte de un ser querido para mi socio me encontraba en la carretera con alguien sin vida. Seguí adelante para toparme, precisamente antes de entrar a la ciudad, con un accidente grave: un tráiler había arrollado a varios autos pocos minutos antes de que yo pasara. En ese momento entendí que algo estaba pasando, yo estaba demasiado enfocado en la muerte y por ello se me aparecía de esa forma.

Tomé mi vuelo para ir a Mérida, en donde tuve mi junta sin mayor percance. Al terminar decidí volar a la Ciudad de México para tomar otro vuelo a León. Increíblemente, todo el camino estuvo lleno de complicaciones, perdí mi maleta en uno de los vuelos, corrí para comprar algo de ropa para el velorio y casi pierdo el siguiente vuelo, en el que fui acompañado de un señor que hablaba solo, que peleaba consigo mismo en voz baja.

Llegué a León a la media noche verdaderamente confundido, había sido uno de los días más extraños y pesados que hubiera podido recordar, pero decidí seguir adelante. Por la hora ya no era prudente acompañar a mi socio, por lo que decidí dormir un poco para llegar en la mañana siguiente a la iglesia en donde depositarían las cenizas de su padre.

Vi a Juan, lo pude abrazar y quise transmitirle mi solidaridad en ese momento tan triste de su vida. Juan me dijo con la ligera y bondadosa sonrisa que lo caracteriza, que estaba bien, que no me preocupara, que él sólo había obtenido buenas cosas de su padre y que estaba tranquilo. Yo me senté en uno de los rincones de la iglesia, al momento de hacerlo cayó en mí algo más grande que el peso del mundo, algo que me oprimió el pecho quitándome la respiración por un momento. Observando a Juan con su paz, y frente a él las cenizas de su padre, comprendí que lo que yo cargaba en mi interior, lo que se había manifestado todo el día y no había podido ver hasta ese momento, era que yo no había despedido a mi padre, que lleno de rencores y, desconociendo el poder de la energía del universo, yo me había negado a estar ahí cuando él había fallecido.

Mi padre terminó sus últimos años viviendo en una cabaña en un pueblito pobre en donde se dedicaba a curar a las personas con pócimas que él mismo hacía. En ese pueblito lo conocían como el doctor, quien no cobraba por sus servicios y recibía a cambio lo que le quisieran dar, inclusive contaba con su propia farmacia de medicamentos hechos con hierbas. Para entonces él estaba enfermo de sida y se mantenía en pie gracias a sus medicamentos. El día de su muerte yo me encontraba en el gimnasio haciendo ejercicio, cuando caí al piso en una especie de desmayo, tan pronto me recuperé pensando que se trataba de debilidad por tanto ejercicio me fui a casa a descansar, al llegar recibí la noticia de que él acababa de morir, yo simplemente me negué a ir a donde su cuerpo yacía y quise pensar que no me correspondía hacer nada al respecto. Brotaron lágrimas de mis ojos, lágrimas que habían aguardado ahí por muchos años, sentí una profunda tristeza y en silencio ofrecí una sincera disculpa a mi padre, me despedí con amor y compasión —hacia él y hacia mí—, hablé en silencio con su espíritu haciéndole y haciéndome saber que ahora comprendía todo, que había perdonado, que había sanado de tal forma que mis hijos representaban luz y armonía. En esa iglesia hablé con mi padre como si regresara al momento en que falleció y que yo me negué a presenciar, me despedí de él con todo el amor de mi espíritu y salí del templo con una sensación difícil de explicar, una sensación que al recordarla hace que vuelvan a mí las lágrimas, lágrimas de paz.

Tomé el vuelo hacia México en calma, andando en un tiempo demasiado lento para ser normal, pausado, tranquilo. Volé con los ojos cerrados, pero sin dormir, pensando en mi padre, recordando las cosas buenas que había ocultado en mi pensamiento, opacadas por las negativas que había vivido, dedicando con cada recuerdo una ofrenda para él.

Al aterrizar en la Ciudad de México y encender mi teléfono recibí un mensaje inesperado. Se trataba de Erwin Richter que me decía sin más: «Tu moto está lista, ya puedes pasar por ella». Primero me pareció una broma y me tomó varios minutos entender que era real. Hablé con él explicándole que no tenía dinero para comprarla, a lo que me respondió: «Tú ve a la agencia de Toluca y recógela, luego vemos el tema del pago». Sin entrar en detalles financieros, Erwin había hecho todo para que esa moto fuera mía; el descuento, el plazo y las condiciones hacían imposible mi negativa. Inclusive, de manera inexplicable, yo tenía que firmar unos papeles para que me dieran el crédito, pero al llegar a la agencia, el gerente me dijo que no me preocupara, que ese crédito ya estaba preaprobado por la financiera. De hecho me preguntó: «¿Usted ya había firmado los papeles antes para la autorización?». Evidentemente yo no lo había hecho, pero seguí dejándome llevar, era todo tan perfecto y mágico que no podía resistirme de ninguna forma.

Al salir de la agencia montado en la Ducati x Diavel s sentí algo extraordinario. Percibí nuevamente en mi corazón a mi padre, era como si él me dijera en ese acto tan surreal y perfecto: «Hijo, que tu último recuerdo conmigo en una moto sea éste».

Por un tramo de la carretera viajé al lado de una Honda Woldwing roja, igual a la de mi padre. Se trataba de un señor de edad avanzada que abrió su casco para decirme que mi moto era hermosa. Después seguí solo, sonriendo, abriendo los brazos para sentir el sol y el aire, cabalgando como si fuera un guerrero, libre, pleno.

MV AGUSTA TURISMO VELOCE

La Ducati X Diavel se transformó, meses más tarde, en una Victory 1800, después en una motoneta eléctrica, una Vespa, una Moto Guzzi V7 Racer, una KTM Superadventure, una Aprillia Tuono V4 y finalmente en una MV Agusta Turismo Veloce con la que cada vez que puedo voy a comprar langostas y camarones al pueblo de San Blas. La vida también se transformó en muchas cosas diferentes, después de vivir en Valle de Bravo nos fuimos a vivir a la ciudad de Mérida, en Yucatán, compré un Yate con muchos defectos que se transformó en un gran maestro, sobre el cual comprendí los secretos de la navegación y de la paciencia, además de apasionarme por la mecánica, vivir la crudeza del apego y comprender que en realidad no se tiene control sobre nada.

Viajé y gané proyectos que parecían inalcanzables, pero ya no quise seguir haciendo lo que hacía hasta entonces, trabajando para marcas en los que no creía más, motivado por un deseo incesante de lograr que mi vida tuviera un propósito mayor que definí como "utilizar mi creatividad para mejorar al mundo". Impartí conferencias acerca de nuestro propósito como seres humanos en muchos países y ante miles de personas, en foros de negocios y tendencias que se sintieron incómodos y ofendidos por mi mensaje que parecía estar en contra de lo que ellos defendían como si se tratase de su religión.

Después vinieron malas decisiones, un desfalco millonario a mi empresa y una larga pandemia, que terminaron por borrar casi todo lo que tenía materialmente. Con la desaparición de mi empresa desaparecieron propiedades, autos, embarcación y cuentas. Entendí que había encontrado lo que buscaba, aunque no era precisamente como lo yo hubiera imaginado.

Cuando todo lo material se derrumbaba y parecía que no había tierra en la que se pudiera estar a salvo recordé las palabras que por más de 11 años mi esposa me había repetido "tienes que meditar".

Empecé a meditar primero como si se tratase de un salvavidas, pues parecía no haber otra opción, aunque esa misma pareciera en realidad incomprensible, y fue ahí, en la meditación, que pude finalmente comprender lo que significaba la frase "elevar la conciencia", como si se tratase de elevarse uno mismo a un mundo que se ve y se siente igual pero se vive diferente, en donde todo lo difícil se torna sencillo, se abren posibilidades que antes de meditar simplemente no se podían ver ni concebir.

Hoy vivo en la naturaleza a pocos pasos del mar, sólo trabajo proyectos que son congruentes con mi propósito. Económicamente, el dinero va llegando poco a poco, no sobra, no falta, pero la vida en sí es abundante en cada instante. Un par de veces a la semana me meto a nadar por varios kilómetros en el mar abierto para sorpresa de las personas que en la playa lo consideran arriesgado, y es ahí, en esa vastedad, en ese silencio necesario, donde comprendo una vez más que el miedo es una ilusión -así me lo repito a mi mismo-, únicamente la idea del miedo puede detenernos, crear angustia, hacernos pensar que no podremos seguir, que necesitamos algo más, que la vida no es perfecta.

Hace poco alguien me preguntó: si tuvieras oportunidad de borrar lo ocurrido en los últimos años, hacer que no te hubieran robado, que no hubieras perdido tu empresa y posesiones, y siguieras viviendo como entonces, con todas esas comodidades y lujos ¿lo harías? MI respuesta fue que no, agradezco todo lo que he vivido, todo lo que ha sucedido, cada parte, cada instante. Nunca he perdido nada, siempre he ganado mucho, y ésta vez, no es la excepción.

SOY VIENTO

Hijo de la magia negra,
del viento y de la furia,
yo nací

dueño del terror
y la alegría
del amor
de una caricia de fuego
que incendiaba mis pasos,

navegante de la angustia
en barquitos de papel.

Crecí como una ola,
furiosa y libre,
como un cielo lleno de nubes.

Crecí en la forma
de todo lo que tarde o temprano
se convierte en ausencia.

En mi pecho nació el poema,
un sol más grande que el sol mismo,
un astro mío.

En mis ojos el horizonte,
en mis pies los rumbos
que debí desandar andando.

Mis pies se hicieron de piedra
mis manos de agua sucia
mis ojos encontraron la oscuridad.
Fui dueño del abismo.

Magia negra,
viento, furia,
encendieron el fuego
que me calentaba.

Navegante del vacío,
ahí donde un niño
lastimado pero intacto
me esperaba en la orilla
para seguir andando.

De pronto ya era dueño
de todas las posibilidades.

Cima tras cima
corrí tras de mi sombra,
pero en cada nueva montaña
algo de mí se quedaba.

Fui lo que tuve,
lo que logré
—una cortina brillante
desafiando el recuerdo
de mis propios pasos—.

Fui tantos yo
grabados en la arena
que ola tras ola borraron.

Fui la ola y la arena,
el recuerdo
ya de mí
no hay nada
todo lo que fui
se hizo viento.

A cada vuelta de la esquina tropiezo.
Antes rugía ferozmente,

¿dónde están mis pasos?
¿mis pies de piedra?
¿mi nombre grabado en la
cima de todas las montañas?

Fui un dios sin certezas,
un mar que terminó
por borrar mis huellas,
un instante de eternidad
en donde todo lo que era
se desvanecía.

Miro al cielo
la luna acaba de posarse
en el magnífico misterio de sí misma,
el mar que amo es el poema
que nació en mi pecho encendido.

Soy la sonrisa de mis hijos,
el abrazo de la mujer que amo,
un presentimiento.

Soy el viento.

Tigre de mar 2021

Lightning Source UK Ltd.
Milton Keynes UK
UKHW020637131222
413845UK00011B/1615

9 798490 578482